ACCESO GRATIS ***a la Lectura en la Nube***

Para visualizar el libro electrónico en la nube de lectura envíe junto a su nombre y apellidos una fotografía del código de barras situado en la contraportada del libro y otra del ticket de compra a la dirección:

ebooktirant@tirant.com

En un máximo de 72 horas laborales le enviaremos el código de acceso con sus instrucciones.

La visualización del libro en **NUBE DE LECTURA** excluye los usos bibliotecarios y públicos que puedan poner el archivo electrónico a disposición de una comunidad de lectores. Se permite tan solo un uso individual y privado

LA REFORMA PENSIONAL

Procedimiento de selección de originales, ver página web:
www.tirant.net/index.php/editorial/procedimiento-de-seleccion-de-originales

LA REFORMA PENSIONAL

Autores:
JULIANA MORAD ACERO
Directora del Departamento de Derecho Laboral y del Observatorio Laboral de la Universidad Javeriana

JOSÉ MAURICIO SALAZAR SÁENZ
Director del Observatorio Fiscal de la Universidad Javeriana

FABIO ALEJANDRO GÓMEZ CASTAÑO
Profesor del Departamento de Derecho Laboral de la Universidad Javeriana, miembro del observatorio Laboral y socio de MGL y Asociados

GABRIEL MILLÁN
Investigador del Observatorio Fiscal de la Universidad Javeriana

tirant lo blanch
Bogotá, D.C. 2024

En caso de erratas y actualizaciones, la Editorial Tirant lo Blanch publicará la pertinente corrección en la página web www.tirant.com.

BIBLIOTECA CARLOS GAVIRIA DÍAZ
CATALOGACIÓN EN PUBLICACIÓN
EDITOR: TIRANT LO BLANCH
TÍTULO: LA REFORMA PENSIONAL
SEPTIEMBRE DE 2024

Morad Acero, Juliana, autora.

La reforma pensional / autores: Juliana Morad Acero, José Mauricio Salazar Sáenz, Fabio Alejandro Gómez Castaño y Gabriel Millán. – Primera edición. – Bogotá: Tirant lo Blanch, 2024.

181 páginas : gráficas.

Incluye bibliografía: página 181.

ISBN: 978-84-1071-986-6

1. Colombia. Ley 2381 de 2024. 2. Pensiones – Colombia. 3. Pensiones a la vejez. I. Salazar Sáenz, José Mauricio, autor. II. Gómez Castaño, Fabio Alejandro, autor. III. Millán, Gabriel, autor. IV. Título.

LC: KHH2000

CDD: 344.01252 ed. 23

Catalogación en publicación de la Biblioteca Carlos Gaviria Díaz

---

EDITA: TIRANT LO BLANCH
Calle 11 #2-16 (Bogotá, D.C.)
TELF.: 4660171
Email: tlb@tirant.com
www.tirant.com
Librería virtual: www.tirant.com/co/
ISBN: 978-84-1071-986-6

Si tiene alguna queja o sugerencia, envíenos un mail a: *atencioncliente@tirant.com*. En caso de no ser atendida su sugerencia, por favor, lea en *www.tirant.net/index.php/empresa/politicas-de-empresa* nuestro procedimiento de quejas.

Responsabilidad Social Corporativa: *http://www.tirant.net/Docs/RSCTirant.pdf*

Índice

INTRODUCCIÓN

PILARES

COTIZACIÓN

PENSIÓN INTEGRAL DE VEJEZ Y BENEFICIOS ESPECIALES

PENSIÓN DE INVALIDEZ, SOBREVIVIENTES Y AUXILIO FUNERARIO

OTROS TEMAS DE INTERÉS

INTRODUCCIÓN

Este libro tiene como objetivo servir como un manual accesible para toda la ciudadanía sobre el nuevo esquema pensional establecido por la Ley 2381 de 2024. En sus páginas, los lectores encontrarán una guía detallada sobre los cambios introducidos por la nueva legislación, así como los aspectos que se han mantenido vigentes del sistema anterior. Además, se incluyen preguntas prácticas que buscan facilitar la comprensión de los elementos clave del sistema pensional y su impacto en los afiliados.

El libro también ofrece una visión integral al proporcionar datos iniciales sobre la situación actual de los adultos mayores en el país, lo que ayuda a contextualizar la necesidad y relevancia de la reforma pensional. A través de este enfoque, se busca no solo informar, sino también fomentar una mayor comprensión de cómo estos cambios afectan a la sociedad en su conjunto, permitiendo a los ciudadanos tomar decisiones más informadas sobre su futuro pensional.

Caracterización de la Población mayor

JOSÉ MAURICIO SALAZAR SAÉNZ
GABRIEL MILLÁN

Para caracterizar a la población mayor en Colombia, nos enfocaremos en la tasa de pensión, las principales actividades de los adultos mayores, sus ingresos y el uso del tiempo. También presentaremos algunas de las estadísticas anteriores desglosadas por quintiles de ingreso y por participación laboral en algunos casos.

En la última década, Colombia ha experimentado cambios demográficos significativos que han llevado a un envejecimiento de la población. La proporción de niños y adolescentes ha disminuido notablemente, mientras que la población de 25 a 64 años ha aumentado de manera constante. El cambio demográfico más pronunciado se ha dado entre los adultos mayores, cuya participación en la población ha aumentado del 11 % al 15,3 %. Estos cambios resaltan una estructura de edad cambiante y las posibles implicaciones para el panorama social y económico de Colombia.

Con el envejecimiento de la población, es importante comprender el papel en el cuidado de los niños y las tareas domésticas para desarrollar políticas que promuevan la igualdad y el apoyo familiar. Además, es esencial prepararse para aumentar el acceso a las pensiones.

Gráfico 1. Población total 2013

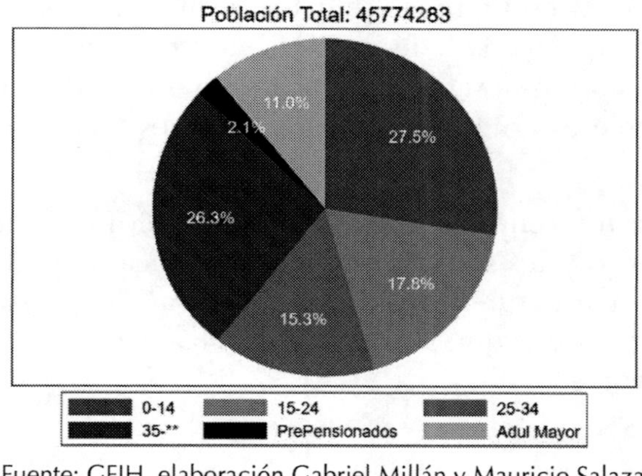

Población Total: 45774283

27.5%
17.8%
15.3%
26.3%
2.1%
11.0%

0-14
15-24
25-34
35-**
PrePensionados
Adul Mayor

Fuente: GEIH, elaboración Gabriel Millán y Mauricio Salaza

Gráfico 2. Población total 2023

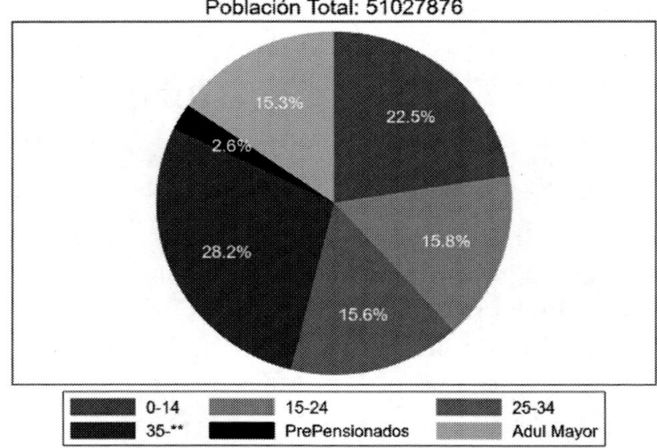

Fuente: GEIH, elaboración Gabriel Millán y Mauricio Salazar

El envejecimiento de la población en Colombia presenta varios desafíos significativos. A medida que aumenta la proporción de adultos mayores, también crecen las presiones para apoyar a este grupo demográfico en expansión. Las personas que han trabajado el tiempo suficiente para cumplir con los requisitos de pensión reciben beneficios. Con una proporción decreciente de jóvenes en relación con los jubilados, son necesarias reformas urgentes para garantizar la sostenibilidad a largo plazo del sistema de pensiones. Además, muchos adultos mayores en Colombia carecen de pensiones y dependen del apoyo familiar o del trabajo informal para su sustento.

Para describir las principales actividades en las que están involucrados los colombianos, presentamos estadísticas en términos de: actividad doméstica, estudio, inactividad, desempleo, empleo informal, empleo formal, jubilados y jubilados que siguen trabajando o buscando empleo (jubilados activos). En este estudio, los empleados formales son aquellos que cotizan a una pensión.

Al comparar diferentes grupos de edad en términos de actividades, se observa que los jóvenes son los que más se educan, el empleo alcanza su punto máximo para aquellos mayores de 35 años y antes de la edad de prejubilación, mientras que la inactividad y las pensiones aumentan entre los adultos mayores.

Gráfico 3. Grupo edad y actividad principal 2013

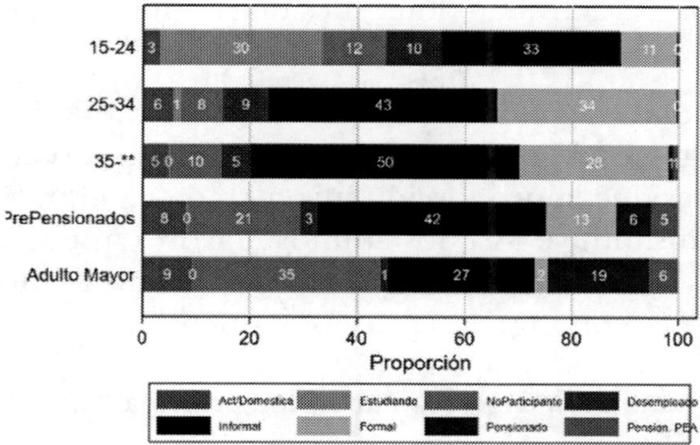

Fuente: GEIH, elaboración Gabriel Millán y Mauricio Salazar.

Gráfico 4. Grupo edad y actividad principal 2013

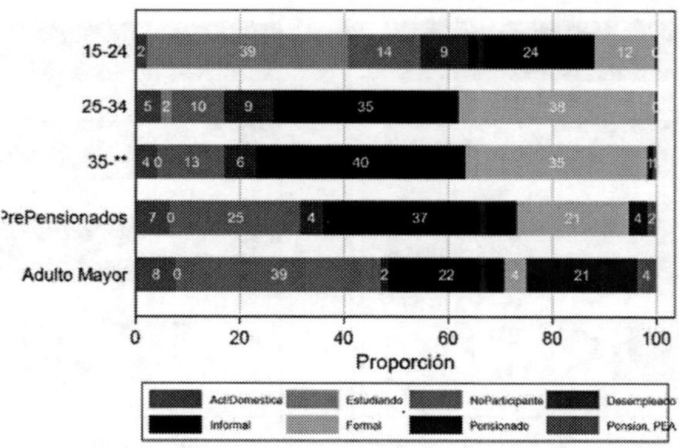

Fuente: GEIH, elaboración Gabriel Millán y Mauricio Salazar.

En los últimos 10 años, Colombia ha visto una disminución en el número de jóvenes que trabajan, un aumento en el empleo formal entre los adultos y la misma proporción de adultos mayores con pensiones. Entre los adultos mayores, el porcentaje de jubilados se mantuvo constante (25 %), pero aumentó el número de personas que tienen pensión y no participan en el mercado laboral, mientras que la proporción de aquellos que participan (jubilados activos) disminuyó. Esto demuestra que el sistema de protección en Colombia ha sido insuficiente para los adultos mayores.

Al examinar por género las principales actividades que realizan los adultos mayores colombianos a través de los quintiles de ingreso, al igual que en otras edades, los roles de género son evidentes: la actividad doméstica de los hombres mayores se mantiene constante en todos los niveles de ingreso, mientras que la actividad doméstica de las mujeres mayores disminuye a medida que aumentan los niveles de ingreso.

Además, para ambos géneros, hay una tendencia notable: a medida que aumentan los ingresos, la proporción de personas que reciben pensiones aumenta, mientras que la proporción involucrada en el trabajo, ya sea formal o informal, disminuye. Así, los adultos mayores que viven en hogares más ricos son los que pueden trabajar menos, mientras cuentan con más recursos familiares y con ingresos propios de pensión.

Gráfico 5. Quintiles de ingresos y actividad principal hombre y mujer

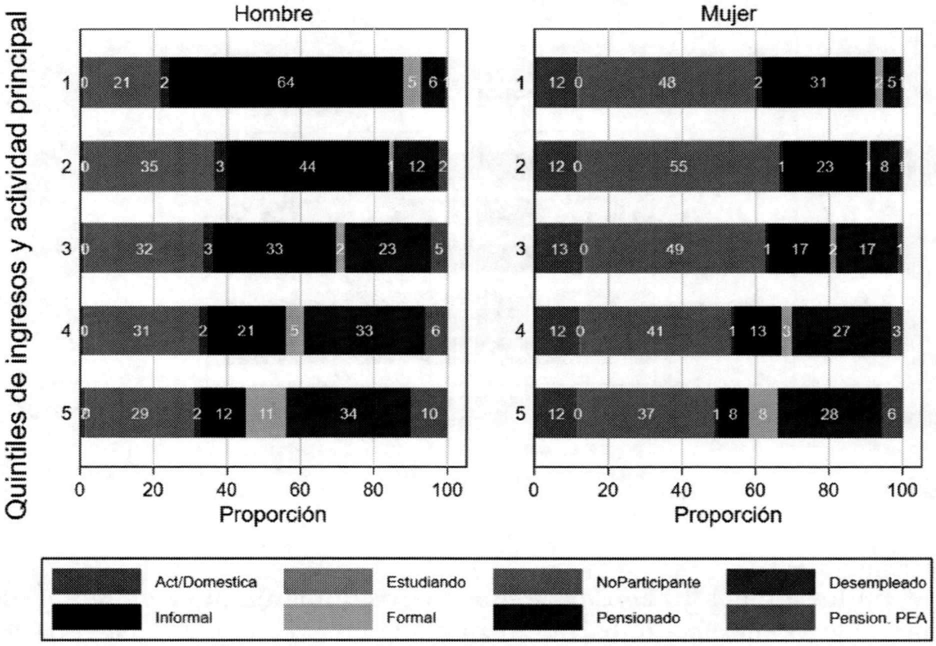

Fuente: GEIH, elaboración Gabriel Millán y Mauricio Salazar.

Este patrón resalta que un mayor ingreso proporciona una mayor seguridad financiera, lo que reduce la necesidad de continuar trabajando y aumenta la dependencia de las pensiones. Este cambio tiene implicaciones para las políticas sociales y los sistemas de apoyo para los adultos mayores, subrayando la necesidad de intervenciones específicas para abordar las disparidades de género en el trabajo doméstico y apoyar las diversas necesidades de los jubilados.

Para comprender mejor las disparidades de ingresos entre los adultos mayores, es fundamental examinar cómo varían los ingresos per cápita del hogar y los ingresos laborales en diferentes quintiles de ingresos. Este análisis proporciona información valiosa sobre el bienestar financiero de las personas mayores en distintos niveles de ingresos y ayuda a identificar los factores que influyen en estas diferencias.

Gráfico 6. Ingreso percápita por edad y quintiles 2013

Fuente: GEIH, elaboración Gabriel Millán y Mauricio Salazar.

Gráfico 7. Ingreso laboral en salarios mínimos por quintiles 2023

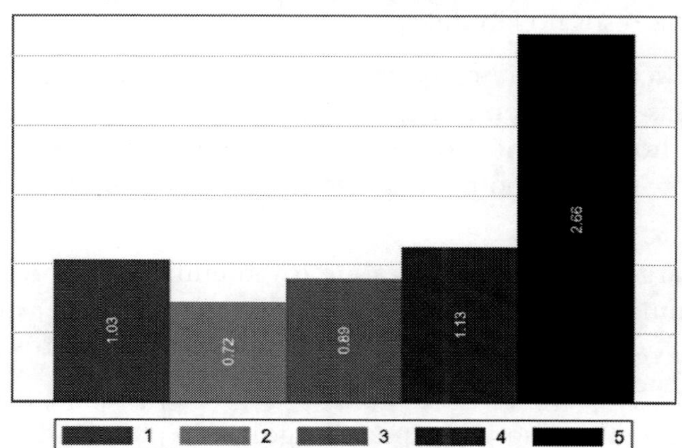

Fuente: GEIH, elaboración Gabriel Millán y Mauricio Salazar.

Por definición, el ingreso per cápita del hogar aumenta a medida que se avanza a través de los quintiles de ingresos más altos, pasando de casi cero (debido a que los hogares más pobres tienen más miembros) a más de 10 salarios mínimos por miembro en el quintil más alto.

Al comparar el ingreso per cápita del hogar con el ingreso laboral medido en salarios mínimos, surge una distinción significativa: dado que el ingreso total es la suma de todos los ingresos de los miembros dividido por el número de miembros, generalmente es más alto que el ingreso laboral de los miembros mayores. Esta diferencia se debe a que el ingreso per cápita incluye todas las fuentes de ingresos del hogar, como pensiones, transferencias gubernamentales y otros ingresos no laborales, mientras que el ingreso laboral refleja únicamente los ingresos derivados del empleo. En los quintiles más altos, los hogares se benefician de múltiples fuentes de ingresos, lo que eleva el ingreso per cápita más allá de lo que se gana únicamente con el trabajo.

Sin embargo, el patrón del ingreso laboral es más matizado. Aunque el ingreso laboral de los miembros mayores sigue una tendencia ascendente en general, el primer quintil muestra un ingreso laboral más alto que el segundo y el tercero. Esto sugiere que, en el primer quintil, si la situación difícil obliga a un miembro mayor a trabajar, incluso cuando su ingreso laboral es mayor que en el segundo quintil, el ingreso per cápita total resulta ser menor debido a que hay más miembros en el hogar y, de esos otros miembros, menos están recibiendo ingresos. En el segundo y tercer quintil, puede haber más miembros que trabajan o una mayor dependencia de fuentes de ingresos no laborales.

En el gráfico anterior, se observa que la tasa de formalidad en el primer quintil es más alta que en el segundo y tercero. Esto podría significar que algunos adultos en los hogares más pobres continúan siendo trabajadores formales por más tiempo para mantener ciertos estándares de vida entre sus familias.

Sin embargo, el ingreso laboral de los miembros mayores en el cuarto y quinto quintil supera los niveles observados en el primer quintil, lo que muestra que, en los hogares más ricos, los pocos miembros mayores que trabajan lo hacen porque sus salarios son altos.

Al analizar el ingreso per cápita categorizado por estado civil entre los adultos mayores, emerge un patrón distintivo. Los adultos mayores que viven con sus parejas tienden a tener ingresos per cápita más altos en comparación con aquellos que están solteros o viudos.

En cuanto al ingreso per cápita entre solteros y viudos, surgen diferencias de género: para los hombres, los viudos tienen un ingreso per cápita más alto que los hombres solteros; en contraste, para las mujeres, las solteras tienen un ingreso per cápita más alto que las viudas. Esto sugiere que la composición del hogar y el estado civil afectan significativamente la situación económica de los adultos mayores (también se observan algunos patrones de selección para las personas en edad de trabajar).

Gráfico 8. Ingreso percápita por género y estado civil 2013

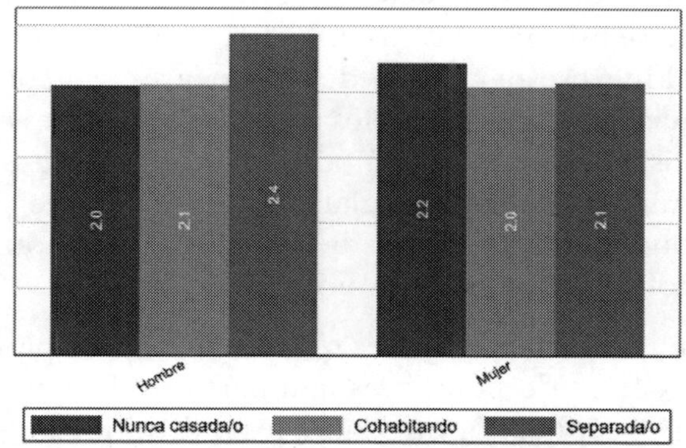

Fuente: GEIH, elaboración Gabriel Millán y Mauricio Salazar.

Gráfico 9. Ingreso en salarios por género y estado civil 2023

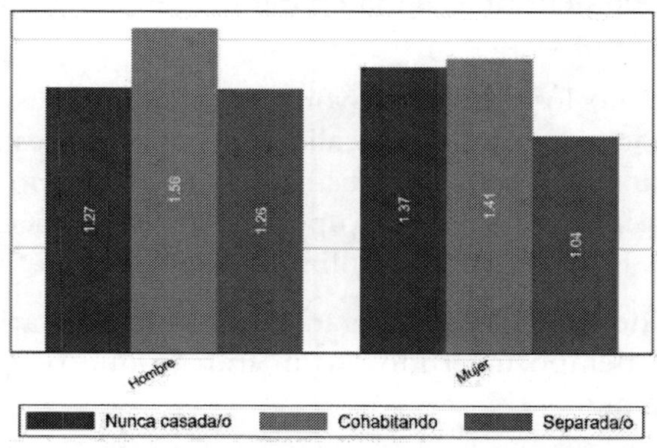

Fuente: GEIH, elaboración Gabriel Millán y Mauricio Salazar.

En cuanto al ingreso laboral de los miembros mayores, las tendencias también varían según el género y el estado civil. Para los hombres, aquellos que viven con sus parejas tienen el ingreso laboral más alto en sus hogares, seguidos por los hombres separados, quienes ganan más que los hombres solteros. Para las mujeres, las solteras ganan el ingreso laboral más alto en comparación con las mujeres viudas y aquellas que viven con sus parejas. Además, las mujeres que viven con sus parejas ganan más en ingreso laboral que las mujeres viudas, lo que indica una interacción compleja entre género, estado civil y participación laboral en la vejez.

Estas disparidades de ingresos pueden explicarse parcialmente por las diferencias en los beneficios de pensión entre géneros y estados civiles. Los hombres suelen tener una trayectoria laboral más continua y, por lo tanto, se benefician de pensiones más sustanciales, lo que puede aumentar significativamente el ingreso per cápita de sus hogares. En contraste, las mujeres pueden tener historiales laborales menos consistentes o contribuciones a la pensión más bajas, lo que resulta en menores ingresos por pensión si es que tienen una. Esto es particularmente impactante para las mujeres mayores, que pueden tener menos beneficios de pensión o menos apoyo financiero en comparación con los hombres.

Por lo tanto, los adultos mayores que viven con sus parejas podrían beneficiarse de recursos de pensiones compartidos, lo que contribuye a un mayor ingreso per cápita. Por otro lado, los individuos solteros y viudos, especialmente las mujeres, podrían depender más de sus propios ingresos laborales debido a los recursos limitados de pensión, lo que lleva a patrones de ingresos diferentes. Comprender estas dinámicas resalta la importancia de las políticas de pensiones en la configuración del bienestar financiero de los adultos mayores.

Examinar cómo los adultos mayores en Colombia asignan su tiempo revela aspectos importantes de su calidad de vida, bienestar e integración social. Es fundamental evaluar la distribución del tiempo en diversas actividades que clasificamos en tres grupos: trabajo, producción doméstica y tiempo de ocio. Las definiciones utilizadas son:

- Tiempo de trabajo: La agregación de todas las variables que se refieren al tiempo invertido en un trabajo que proporciona alguna forma de ingreso.
- Producción doméstica: La agregación del tiempo dedicado a actividades no remuneradas realizadas por y para los miembros del hogar. Estas actividades podrían ser reemplazadas por bienes de mercado o servicios pagados si las circunstancias, como el ingreso, las condiciones del mercado y las preferencias personales, permiten la delegación de estas tareas a alguien fuera del hogar.

- Ocio: Engloba todo el tiempo dedicado a actividades que no forman parte de las otras categorías, incluyendo el tiempo personal o libre.

En Colombia, donde vivir en familias extendidas es común, los adultos mayores a menudo continúan contribuyendo a las economías domésticas y a la vida comunitaria incluso después de la jubilación formal. Analizar los patrones de uso del tiempo entre esta población no solo ilumina sus experiencias diarias, sino que también informa decisiones políticas orientadas a mejorar las condiciones sociales y económicas de la población anciana. Analizar el uso del tiempo entre los adultos mayores por quintiles de ingresos revela cómo los recursos económicos influyen en las actividades diarias. Las variaciones en el ingreso total del hogar destacan cómo el estatus financiero afecta la asignación del tiempo entre el trabajo, el ocio y las tareas domésticas. Comprender estos patrones arroja luz sobre el impacto de los recursos económicos y los beneficios de pensión en la vida cotidiana de los adultos mayores.

En el gráfico a continuación, se observa una similitud notable en cómo los hombres y las mujeres mayores asignan su tiempo en los distintos quintiles de ingresos. En promedio, los hombres mayores dedican aproximadamente el 80 % de su tiempo a actividades de ocio, un 12 % al trabajo y un 8 % a la producción doméstica. En contraste, el uso del tiempo para las mujeres mayores muestra un patrón más variado: ellas destinan alrededor del 76 % de su tiempo al ocio, un 5 % al trabajo y un 19 % a la producción doméstica. Esto indica una diferencia significativa en la asignación del tiempo entre los géneros, particularmente en las áreas de producción doméstica y trabajo. Aunque tanto hombres como mujeres pasan la mayor parte de su tiempo en el ocio, las mujeres mayores dedican una mayor proporción de su tiempo a la producción doméstica en comparación con sus contrapartes masculinas, quienes dedican relativamente más tiempo al trabajo y a actividades de ocio.

Gráfico 10. Uso del tiempo en adultos mayores

por Quintiles de ingresos

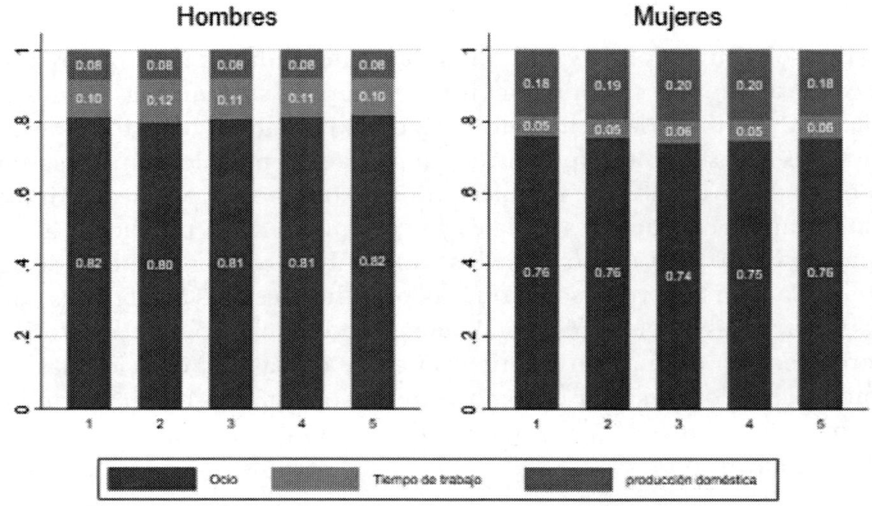

Fuente: GEIH, elaboración Gabriel Millán y Mauricio Salazar.

Continuando con el análisis del uso del tiempo, se pone énfasis en cómo la composición del hogar influye en los patrones de los adultos mayores. Como se mencionó, las familias colombianas a menudo viven en familias extendidas. La comparación incluye hogares con solo un miembro, dos miembros, más de dos miembros sin hijos, y más de dos miembros con hijos, destacando las diferencias entre hombres y mujeres en cada caso. Este enfoque proporciona una visión de cómo el tamaño de la familia y la presencia de niños afectan las rutinas diarias de los adultos mayores.

En el gráfico a continuación, es evidente que el uso del tiempo tanto para hombres como para mujeres no varía significativamente en la mayoría de las categorías de hogares. La única excepción es cuando los adultos mayores viven en hogares con más de dos miembros, incluidos los niños. En este escenario, tanto hombres como mujeres experimentan una disminución en el tiempo de ocio. Para los hombres, esto se acompaña de un aumento en el tiempo dedicado al trabajo y una reducción en la producción doméstica. En contraste, las mujeres ven un aumento tanto en el tiempo de trabajo como en la producción doméstica. Estos cambios se destacan en comparación con los hogares de un solo miembro, dos miembros o más de dos miembros sin hijos.

Este cambio en el uso del tiempo entre los adultos mayores que viven en hogares más grandes con niños puede estar relacionado con las responsabilidades financieras y la necesidad de apoyar a más miembros del hogar. Para muchos ancianos, particularmente aquellos sin suficientes beneficios de pensión, la presión financiera de mantener a una familia más grande empuja a los hombres a dedicar más tiempo al trabajo. Las pensiones, a menudo destinadas a cubrir las necesidades del individuo o de un hogar más pequeño, pueden no ser suficientes en estos entornos familiares más grandes, lo que lleva a un aumento del tiempo de trabajo a medida que los adultos mayores intentan compensar. Además, las mujeres en estos hogares pueden aumentar su tiempo dedicado tanto a la producción doméstica como al trabajo, ya que los roles tradicionales de cuidado a menudo recaen sobre ellas, exacerbando las presiones financieras y domésticas que enfrentan. Esta dinámica ilustra cómo la presencia de más miembros del hogar, especialmente niños, impacta directamente en la asignación del tiempo de los adultos mayores, especialmente cuando los ingresos por pensión son limitados o insuficientes.

Gráfico 11. Uso del tiempo en adultos mayores por composición de hogar

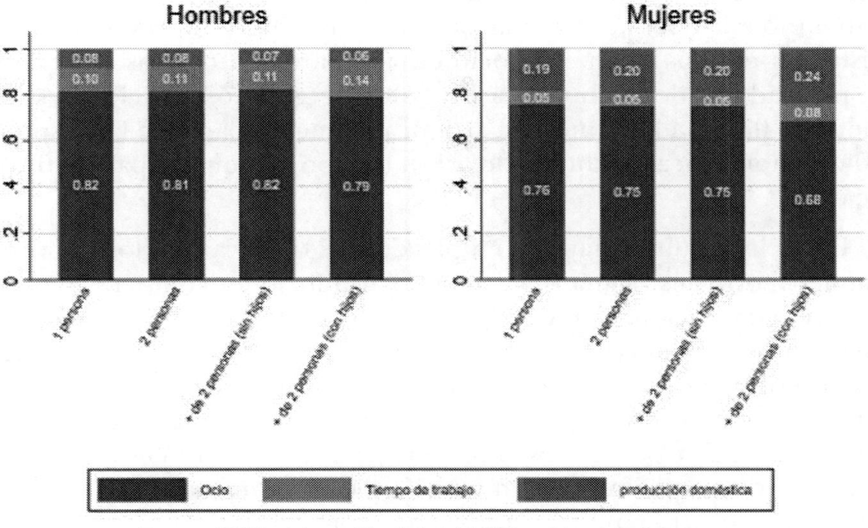

Fuente: GEIH, elaboración Gabriel Millán y Mauricio Salazar.

La asignación del tiempo refleja las realidades económicas que enfrentan los adultos mayores. Aquellos con pensiones robustas a menudo se alejan de la participación en el mercado laboral, redistribuyendo su tiempo hacia la producción doméstica y el ocio. Esta reducción en el trabajo se compensa con un aumento en las actividades de producción doméstica, destacando cómo la seguridad financiera proporcionada por las pensiones influye en el uso del tiempo. Por el contrario, los adultos mayores con menos o ningún recurso de pensión pueden continuar trabajando, limitando su tiempo para la producción doméstica y el ocio. Esta dinámica ilustra cómo la estabilidad económica moldea el equilibrio entre el trabajo, las responsabilidades domésticas y el tiempo personal.

El siguiente análisis explora cómo los adultos mayores asignan su tiempo según su estatus laboral, incluyendo a los no participantes, desempleados y aquellos empleados formal o informalmente. Este examen ofrece una visión de cómo diferentes estatus laborales afectan sus rutinas y actividades generales, revelando variaciones entre los jubilados y aquellos que aún están en la fuerza laboral. Comprender estos patrones ayuda a aclarar cómo el estatus laboral influye en las experiencias de los adultos mayores.

Se observa que hay diferencias mínimas en el uso del tiempo entre las personas desempleadas y aquellas que no participan en el mercado laboral, independientemente del género. Esto indica que tanto el desempleo como la no participación afectan de manera similar cómo se distribuye el tiempo entre los adultos mayores. Además, los hombres generalmente disfrutan de más tiempo de ocio en comparación con las mujeres. Esta disparidad puede atribuirse a los roles de género tradicionales, que a menudo llevan a las mujeres a asumir una mayor parte de las responsabilidades domésticas, reduciendo así su tiempo disponible para actividades de ocio.

Entre los adultos mayores empleados, se observa que los hombres en empleos formales asignan más tiempo al trabajo en comparación con las mujeres en posiciones similares, quienes tienden a dedicar un poco menos de tiempo al trabajo que sus contrapartes en empleos informales. Además, los hombres mayores en empleos formales generalmente tienen más tiempo de ocio, mientras que las mujeres en roles formales tienen menos. Esta tendencia ocurre porque los hombres en posiciones formales pasan menos tiempo en tareas domésticas, mientras que las mujeres en empleos formales dedican más tiempo a la producción doméstica.

Gráfico 12. Uso del tiempo en adultos mayores por actividad

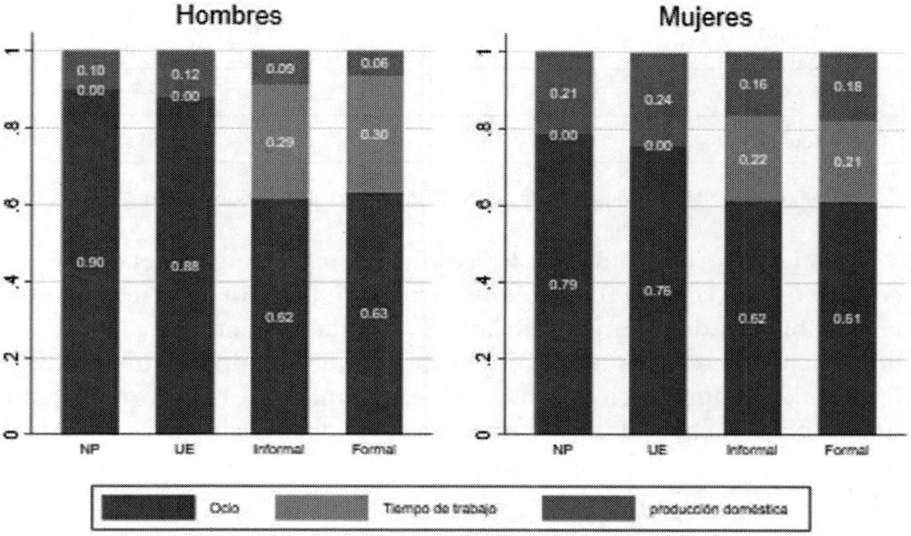

Fuente GEIH, elaboración Gabriel Millán y Mauricio Salazar.

Un buen sistema de protección social debería garantizar que todos los miembros de la sociedad en edad de jubilación tengan un ingreso de pensión y puedan disfrutar de ocio y una mayor producción doméstica. En consecuencia, la dispersión del tiempo entre los miembros mayores debería ser menor que la dispersión del tiempo entre los individuos en edad laboral. Para evaluar si el uso del tiempo por parte de los individuos mayores en Colombia es menos disperso que el de los individuos en edad laboral, utilizamos los coeficientes de Gini para medir cómo se distribuyen estas actividades entre los adultos y entre los adultos mayores.

La tabla presenta los coeficientes de Gini para tres actividades diferentes (Ocio, Trabajo y Producción Doméstica) en dos cohortes: Adultos y Adultos Mayores. El coeficiente de Gini es una medida de desigualdad que varía de 0 a 1, donde 0 indica una distribución perfectamente igual (todos asignan la misma proporción de tiempo a las mismas actividades), y 1 representa la máxima desigualdad posible.

Tabla 1. Producción de hogar

Cohort	Gini (Leisure)	Gini(work)	Gini(Home production)
Adult	0,15	0,23	0,45
Older Adult	0,13	0,32	0,39

Fuente: ENUT National Survey of time Use Mauricio Salazar and Gabriel Millan.

Para la cohorte de adultos, los resultados muestran que el ocio tiene un coeficiente de Gini de 0.15, lo que sugiere un bajo nivel de desigualdad en la distribución del tiempo dedicado a actividades recreativas. En términos de trabajo, el coeficiente de Gini es de 0.23, lo que indica una mayor desigualdad en comparación con el ocio. Sin embargo, la mayor desigualdad se observa en la producción doméstica, con un coeficiente de Gini de 0.45, reflejando una distribución significativamente desigual de esta actividad entre los adultos.

Por otro lado, la cohorte de adultos mayores presenta un coeficiente de Gini de 0.13 para el ocio, ligeramente inferior al de los adultos, lo que sugiere una distribución más equitativa del tiempo de ocio en esta población. Sin embargo, la desigualdad en la distribución del trabajo es notablemente mayor entre los adultos mayores, con un coeficiente de Gini de 0.32, en comparación con 0.23 para los adultos. En cuanto a la producción doméstica, los adultos mayores tienen un coeficiente de Gini de 0.39, menor que el de los adultos, pero aún refleja una desigualdad considerable.

En general, la comparación entre las cohortes sugiere que los adultos mayores tienen una distribución más equitativa del ocio y la producción doméstica en comparación con los adultos. Sin embargo, enfrentan una mayor desigualdad en la distribución del trabajo.

El acceso limitado a pensiones está estrechamente vinculado a los altos niveles de informalidad laboral en Colombia. La informalidad laboral, que afecta a más del 60 % de la fuerza laboral del país, resulta en un gran segmento de la población incapaz de realizar las contribuciones necesarias para calificar para una pensión. Esto crea disparidades significativas en la vejez, ya que aquellos que no pudieron contribuir de manera consistente a lo largo de sus vidas laborales se encuentran excluidos del sistema de pensiones, perpetuando así la desigualdad en la distribución del trabajo y el ocio durante sus años posteriores.

Contexto normativo
Ley 100 de 1993

En el contexto normativo colombiano, la Ley 100 de 1993 estableció un sistema de pensiones que incluye la cobertura para vejez, invalidez y sobrevivencia. Esta ley definió dos regímenes de pensión incompatibles entre sí: el régimen de Prima Media y el régimen de Ahorro Individual.

El régimen de Prima Media se basa en un esquema de reparto, en el que las pensiones de los adultos mayores inactivos se financian con las contribuciones de una masa de trabajadores jóvenes. La viabilidad de este esquema depende de mantener una base robusta de cotizantes activos y un número relativamente reducido de pensionados. La eficacia de este régimen se basa en el equilibrio entre el número de personas que aportan y las que reciben pensiones.

Por otro lado, el régimen de Ahorro Individual se fundamenta en esquemas de capitalización. En este sistema, cada trabajador acumula recursos en su cuenta individual a lo largo de su vida laboral, y el monto de la pensión se basa en el capital acumulado y los rendimientos generados. Aunque este régimen está diseñado para financiar pensiones mediante aportes individuales, la Ley 100 de 1993 también introdujo la figura de la garantía de pensión mínima, que se activa cuando el trabajador alcanza 1,150 semanas cotizadas y 57 años de edad si es mujer, o 62 años si es hombre.

La Ley 2381 de 2014, al introducir un nuevo Sistema de Protección Social Integral para la Vejez, Invalidez y Muerte, no mantiene la garantía de pensión mínima establecida en la Ley 100 de 1993. En cambio, el nuevo sistema eleva el requisito de semanas cotizadas a 1,300 para acceder a pensiones bajo el régimen de Ahorro Individual. Este cambio podría ser visto como un retroceso en comparación con la garantía de pensión mínima, ya que el nuevo requisito puede hacer que un mayor número de personas no califique para una pensión mínima, afectando potencialmente a aquellos que se encontraban cerca de cumplir con los requisitos establecidos por la normativa anterior.

PROTECCIÓN EN LA VEJEZ

Según la Ley 100 de 1993, en su artículo 33, para causar una pensión de vejez se requiere que los afiliados cumplan con ciertos requisitos de edad y semanas cotizadas. En particular, se establece que las mujeres deben tener al menos 57 años de edad, mientras que los hombres deben alcanzar los 62 años, y ambos deben haber acumulado un mínimo de 1,300 semanas cotizadas.

La Ley 797 de 2003, que modificó el artículo 34 de la Ley 100, establece el cálculo del monto de la pensión de vejez utilizando una fórmula específica. De acuerdo con esta, el monto mensual de la pensión se calcula en función del número de semanas mínimas de cotización requeridas, y se basa en el ingreso base de liquidación del afiliado que corresponde al promedio de los ingresos base sobre los que cotizó toda su vida laboral o los últimos 10 años efectivamente cotizados, lo que resulte más favorable. La fórmula para determinar el porcentaje del ingreso base de liquidación que se asignará como pensión es la siguiente:

$r=65.50-0.50s$

donde:

r = porcentaje del ingreso base de liquidación.

s = número de salarios mínimos legales mensuales vigentes.

Por cada 50 semanas adicionales a las mínimas requeridas, el porcentaje del ingreso base de liquidación se incrementa en un 1.5 %. Este incremento permite que la pensión alcance un máximo del 80 % del ingreso base de liquidación, aunque el porcentaje exacto varía dependiendo del nivel de ingresos de cotización. El monto total de la pensión no puede superar el 80 % del ingreso base de liquidación ni ser inferior a la pensión mínima establecida por la ley.

Esta fórmula asegura que los afiliados que superan las semanas mínimas requeridas obtendrán un porcentaje mayor de su ingreso base de liquidación, incentivando así las cotizaciones adicionales y recompensando a aquellos con una mayor cantidad de semanas cotizadas.

El cálculo de la pensión de vejez en el régimen de ahorro individual bajo la Ley 100 de 1993 es significativamente más complejo que el de la prima media. En este esquema, la pensión de vejez está determinada principalmente por el capital ahorrado en la cuenta individual del afiliado, los rendimientos generados por dicho capital y varios factores adicionales que pueden ser difíciles de comprender para el público general debido a su carácter técnico.

Entre las variables que influyen en el monto de la pensión de vejez en el régimen de ahorro individual se encuentran:

- Capital acumulado: La cantidad total de dinero ahorrado en la cuenta individual del afiliado, que se basa en las cotizaciones realizadas a lo largo de su vida laboral.
- Rendimientos: Los intereses y rendimientos generados por el capital acumulado en las cuentas individuales. Estos rendimientos pueden variar según el rendimiento de los fondos de pensiones y las inversiones realizadas.
- Expectativa de vida: El cálculo de la pensión también considera la expectativa de vida del afiliado, la cual se determina mediante tablas de mortalidad. Estas tablas reflejan la diferencia en la esperanza de vida entre hombres y mujeres, resultando en pensiones potencialmente menores para las mujeres debido a su mayor esperanza de vida.
- Beneficiarios de pensión de sobrevivencia: La existencia de potenciales beneficiarios de pensión de sobrevivencia puede afectar el monto de la pensión de vejez, ya que una mayor cantidad de beneficiarios puede reducir el monto disponible para el afiliado.
- Garantía de Pensión Mínima: Si el capital acumulado en la cuenta individual no es suficiente para financiar una pensión equivalente al 110 % del salario mínimo legal vigente (SMLMV), el afiliado puede acceder a la garantía de pensión mínima. Esta garantía asegura que el afiliado reciba al menos una pensión mínima establecida, proporcionada por el sistema.

Debido a la complejidad y a la cantidad de factores involucrados en el cálculo, muchos afiliados encuentran difícil entender cómo estos elementos afectan el monto de su pensión de vejez.

La Ley 100 de 1993 establece dos mecanismos de protección para los afiliados que no logran cumplir con los requisitos necesarios para obtener una pensión de vejez. Estos mecanismos son:

- Indemnización Sustitutiva de la Pensión de Vejez: Según el artículo 37 de la ley, los afiliados que hayan alcanzado la edad para pensionarse pero que no han completado el número mínimo de semanas de cotización requerido, y que no pueden seguir cotizando, tienen derecho a recibir una indemnización sustitutiva. Esta indemnización se calcula como un salario base de liquidación promedio semanal multiplicado por el número de semanas cotizadas. A este monto se le aplica un promedio ponderado de los porcentajes sobre los cuales el afiliado ha cotizado. Esta medida busca ofrecer una compensación económica en lugar de una pensión, cuando no se cumplen los requisitos de semanas de cotización.

- Devolución de Saldos: Establecido en el artículo 66, este mecanismo se aplica a los afiliados que no han alcanzado el número mínimo de semanas de cotización requerido para una pensión, ni han acumulado el capital necesario para financiar una pensión equivalente al salario mínimo. En este caso, el afiliado tiene derecho a recibir la devolución del capital acumulado en su cuenta de ahorro individual, incluyendo los rendimientos financieros y el valor del bono pensional, si corresponde. Alternativamente, el afiliado puede optar por continuar cotizando hasta cumplir con los requisitos necesarios para obtener una pensión.

Estos mecanismos proporcionan alternativas para quienes, por diversas razones, no logran alcanzar los requisitos para una pensión de vejez, buscando ofrecerles una forma de recuperar sus aportaciones o recibir una compensación económica.

PENSIÓN DE INVALIDEZ

La pensión de invalidez en el marco de la Ley 100 de 1993, tanto en el régimen de Prima Media como en el de Ahorro Individual, presenta una serie de requisitos y condiciones que son consistentes en ambos regímenes. Según la ley, se consideran inválidos aquellos que han perdido el 50 % o más de su capacidad laboral por causas no profesionales ni intencionales.

Requisitos para Obtener la Pensión de Invalidez

Para acceder a la pensión de invalidez, el afiliado debe cumplir con los siguientes requisitos:

Debe haber cotizado al menos 50 semanas dentro de los últimos tres años anteriores a la fecha de estructuración de la invalidez.

El requisito de haber cotizado al menos 26 semanas en el último año para acceder a la pensión de invalidez, que inicialmente aplicaba a los menores de 20 años, se ha extendido también a los menores de 26 años. Esta modificación se basa en la Sentencia C-010 de 2015 de la Corte Constitucional, con ponencia de la magistrada María Victoria Calle Correa.

Si el afiliado ha cotizado al menos el 75 % de las semanas mínimas requeridas para una pensión de vejez, solo necesita haber cotizado 25 semanas en los últimos tres años para calificar para la pensión de invalidez.

El monto de la pensión de invalidez se calcula de la siguiente manera:

Disminución de Capacidad Laboral entre el 50 % y el 66 %: La pensión será del 45 % del ingreso base de liquidación, más el 1.5 % adicional por cada 50 semanas de cotización acreditadas después de las primeras 500 semanas.

Disminución de Capacidad Laboral Superior al 66 %: La pensión será del 54 % del ingreso base de liquidación, más el 2 % adicional por cada 50 semanas de cotización acreditadas después de las primeras 800 semanas.

El monto máximo de la pensión de invalidez no podrá superar el 75 % del ingreso base de liquidación, y en ningún caso será inferior al salario mínimo legal mensual. La pensión se paga retroactivamente desde la fecha en que se produce el estado de invalidez.

Estos requisitos y cálculos se aplican de manera uniforme tanto en el régimen de Prima Media como en el de Ahorro Individual, asegurando que las pensiones de invalidez se basen en las mismas condiciones y fórmulas para todos los afiliados.

PENSIÓN DE SOBREVIVENCIA

La pensión de sobrevivientes proporciona apoyo económico a los familiares de un afiliado que fallece, con requisitos y montos uniformes tanto para el régimen de prima media como para el de ahorro individual.

Para que los familiares puedan acceder a esta pensión, el afiliado fallecido debe haber cotizado al menos 50 semanas dentro de los tres años anteriores a su muerte. En caso de que un afiliado haya cumplido con el número requerido de semanas antes de su muerte sin haber solicitado una indemnización sustitutiva o la devolución de saldos, sus beneficiarios podrán recibir una pensión equivalente al 80 % del valor que le correspondería en una pensión de vejez. Finalmente podrán disfrutar de esta pensión los beneficiarios de un pensionado por vejez o por invalidez que fallece, en cuyo caso hablamos de sustitución pensional.

Los beneficiarios de la pensión de sobrevivientes incluyen:

Cónyuge o Compañero(a) Permanente:

Si el cónyuge o compañero(a) permanente tiene 30 años o más al momento del fallecimiento del causante, recibirá la pensión de forma vitalicia, siempre que haya convivido con el causante durante al menos cinco años continuos antes de su muerte.

Si el beneficiario tiene menos de 30 años y no ha tenido hijos con el causante, recibirá una pensión temporal durante su vida, con una duración máxima de 20 años. En este caso, el beneficiario deberá cotizar al sistema para obtener una pensión propia.

Hijos:

Los hijos menores de 18 años y los mayores de 18 y hasta 25 años que estén incapacitados para trabajar por razones de estudios y que dependían económicamente del causante. También se incluye a los hijos inválidos que dependían económicamente del causante, siempre y cuando mantengan su condición de invalidez.

Padres y Hermanos:

En ausencia de cónyuge, compañero(a) permanente e hijos con derecho, los padres del causante pueden recibir la pensión si dependían económicamente de él.

A falta de los beneficiarios anteriores, los hermanos inválidos del causante también pueden calificar para la pensión si demostraron dependencia económica.

El monto mensual de la pensión de sobrevivientes por la muerte de un pensionado será igual al 100 % de la pensión que estaba recibiendo el causante. Si el fallecido era un afiliado activo, la pensión será del 45 % del ingreso base de liquidación, con un 2 % adicional por cada 50 semanas cotizadas después de las primeras 500 semanas, sin superar el 75 %

La nueva Ley pensional: cambios y vigencia

Según el artículo 94 sobre vigencia de Ley 2381 de 2024, el nuevo Sistema de Protección Social Integral para la Vejez, Invalidez y Muerte de origen común entrará en vigor el 1 de julio de 2025. Esto significa que, a partir de esta fecha, todas las situaciones que no se hayan consolidado bajo los criterios de la norma anterior, ni estén dentro del régimen de transición previsto en la misma ley, se regirán por los nuevos lineamientos. Esto incluye pensiones de vejez, invalidez y sobrevivientes, así como devoluciones de saldos e indemnizaciones sustitutivas.

CONCEPTOS CLAVE: DERECHOS ADQUIRIDOS

Para entender el impacto de esta nueva ley, es crucial comprender el concepto de derechos adquiridos. Estos son derechos que se han causado porque se han cumplido los requisitos de ley bajo la vigencia de la Ley 100 de 1993, es decir, antes de julio de 2025. Por ejemplo:

- Pensión de vejez: Si usted cumple con la edad y semanas requeridas según la Ley 100 de 1993 antes del 1 de julio de 2025, tendrá un derecho adquirido. Su pensión se regirá por las reglas de la Ley 100 de 1993.
- Pensión de sobrevivientes: Si usted es beneficiario de una pensión de sobrevivientes cuyo causante falleció antes del 1 de julio de 2025, le aplicará la regulación prevista en la Ley 100 de 1993.
- Pensión de invalidez: Si su fecha de estructuración de invalidez ocurre antes del 1 de julio de 2025, también se aplicarán las reglas de la Ley 100 de 1993. La fecha de estructuración es el momento en que se considera que usted ha alcanzado la invalidez.

Las situaciones que no se encuentren consolidadas bajo la norma anterior o que no cumplan con los criterios del régimen de transición, deberán ajustarse a las nuevas reglas establecidas por la ley que entrará en vigencia el 1 de julio de 2025. Esto implica cambios significativos en la forma en que se calculan y administran las pensiones, así como en los requisitos y beneficios asociados con el sistema de protección social.

Para los ciudadanos, esto supone la necesidad de revisar sus situaciones actuales y futuras en relación con los requisitos y beneficios de la nueva ley. Aquellos que estén próximos a cumplir con los requisitos bajo la Ley 100 de 1993 deben asegurarse de hacerlo antes de la fecha de vigencia de la nueva ley para aprovechar los derechos adquiridos. Para los nuevos afiliados y aquellos cuyas situaciones se consoliden después del 1 de julio de 2025, será esencial familiarizarse con los nuevos criterios y procedimientos establecidos.

En resumen, la entrada en vigor de la nueva ley pensional el 1 de julio de 2025 marca un cambio fundamental en el sistema de protección social en Colombia, afectando tanto a los actuales como a los futuros beneficiarios.

APLICACIÓN ANTICIPADA DE DISPOSICIONES DE LA NUEVA LEY PENSIONAL

El parágrafo transitorio del artículo 12 establece que:

> "Para quienes a la entrada en vigor de la presente ley se encuentren afiliados a COLPENSIONES y no estén cobijados por el Régimen de Transición consagrado en el artículo 76 de esta ley, que coticen por encima de los dos punto tres (2.3) SMLMV deberán seleccionar una Administradora del Componente Complementario de Ahorro Individual dentro de los primeros seis (6) meses, contados a partir de la expedición de la presente ley. Vencido el plazo, en caso de no hacerlo, serán asignados aleatoriamente, a través del mecanismo que establezca el Gobierno Nacional."

Aunque la redacción de este parágrafo es algo confusa, lo que queda claro es que hay una disposición que afecta a ciertos afiliados antes de la fecha general de entrada en vigencia de la nueva ley (1 de julio de 2025). Esta disposición exige a los afiliados a COLPENSIONES que coticen por encima de 2.3 SMLMV seleccionar una Administradora del Componente Complementario de Ahorro Individual dentro de los primeros seis meses desde la expedición de la ley.

La confusión surge porque la redacción menciona que la disposición aplica desde la entrada en vigor de la ley, pero también desde la expedición de la ley, la cual ocurrió el 26 de julio de 2024, fecha de publicación en el diario de amplia circulación tras la sanción presidencial.

Debido a esta ambigüedad, es razonable aplicar la interpretación más favorable para los afiliados, que sería considerar que esta disposición entra en vigor junto con el resto de la ley el 1 de julio de 2025. Esta interpretación es favorable para los afiliados por varios motivos:

- Costos y preparación: Aplicar esta disposición desde la expedición de la ley implicaría costos adicionales y una preparación administrativa inmediata por parte de COLPENSIONES, los fondos y la Planilla Integrada de Liquidación de Aportes (PILA).
- Despliegue administrativo: Se necesita un despliegue administrativo significativo para implementar estas afiliaciones y liquidaciones, incluyendo la creación de un decreto que establezca el mecanismo de cómo se realizarán estas cotizaciones. Esto requiere tiempo y coordinación entre varias entidades.

En otras palabras, aunque el parágrafo transitorio parece tener dos posibles fechas de aplicación, la más razonable y beneficiosa para los afiliados sería la que alinea su implementación con la fecha general de entrada en vigencia de la ley, el 1 de julio de 2025. Esto no solo alivia la carga administrativa y financiera inmediata sino que también da tiempo a las entidades involucradas para prepararse adecuadamente.

La disposición del parágrafo transitorio del artículo 12, aunque ambigua, debería aplicarse a partir de la fecha general de entrada en vigor de la ley, el 1 de julio de 2025, para asegurar una transición ordenada y favorable para todos los afiliados involucrados.

OPORTUNIDAD DE TRASLADO

Según el artículo 76 sobre la oportunidad de traslado, las personas que tengan 750 semanas cotizadas, para el caso de las mujeres, y 900 semanas cotizadas, para el caso de los hombres, y que les falten menos de diez años para alcanzar la edad de pensión, tendrán dos años a partir de la promulgación de la presente ley para trasladarse de régimen, conforme a la normativa anterior y previa la doble asesoría de que trata la Ley 1748 de 2014.

Este artículo ofrece una oportunidad significativa para aquellas personas que actualmente buscan retornar o cambiarse al Régimen de Prima Media (RPM). Bajo los postulados actuales de la Ley 100 de 1993, quienes están a menos de 10 años de cumplir la edad mínima de pensión (47 años para mujeres y 62 años para hombres) ya no tienen la posibilidad de cambiarse de régimen. Esto ha generado numerosos litigios por parte de personas que alegan haberse trasladado sin conocer plenamente las implicaciones de dicho cambio, afectando su derecho pensional ya que los montos de pensión en el régimen de ahorro individual resultan mucho menores que los que habrían recibido en COLPENSIONES bajo el RPM.

Estas personas argumentan que su consentimiento no fue libre e informado, y que los fondos de pensiones no les proporcionaron suficiente información sobre las consecuencias de cambiarse al régimen de ahorro individual. La nueva disposición les permite cambiarse de régimen sin necesidad de recurrir a procesos judiciales.

Quienes pueden beneficiarse de esta disposición son:

- Mujeres con 750 semanas cotizadas o más u hombres con 900 semanas cotizadas o más.
- Personas que estén a menos de 10 años de cumplir la edad mínima de pensión.

Exclusiones importantes:

- Personas que ya han cumplido la edad mínima de pensión.
- Personas que ya están pensionadas.

Esta norma entra en vigencia a partir de la promulgación de la ley, otorgando un plazo de dos años, que se cumplirá el 26 de julio de 2026. Después de esta fecha, quienes no hayan aprovechado la oportunidad de traslado ya no podrán cambiarse de régimen según lo dispuesto en este artículo.

El artículo 76 representa una oportunidad crucial para ciertos afiliados de cambiarse al Régimen de Prima Media, evitando procesos judiciales y asegurando una pensión más favorable. Sin embargo, es importante resaltar las limitaciones y exclusiones para entender quiénes pueden realmente beneficiarse de esta disposición y actuar dentro del plazo establecido.

PREGUNTAS PRÁCTICAS SOBRE LA NUEVA LEY PENSIONAL

¿Cuándo entra en vigor la nueva ley pensional y qué implica esta fecha de vigencia?

La nueva ley pensional entra en vigor el 1 de julio de 2025. Esto significa que todas las situaciones que no se hayan consolidado bajo los criterios de la norma anterior, ni estén dentro del régimen de transición, se regirán por los nuevos lineamientos a partir de esta fecha. Esto incluye las pensiones de vejez, invalidez y sobrevivientes, así como devoluciones de saldos e indemnizaciones sustitutivas.

¿Qué sucede con las personas que desean cambiarse de régimen pensional antes de la entrada en vigor de la nueva ley?

Según el artículo 76, las personas que tengan 750 semanas cotizadas (mujeres) y 900 semanas cotizadas (hombres), y que estén a menos de diez años de cumplir la edad de pensión, tendrán dos años a partir de la promulgación de la ley (26 de julio de 2024) para trasladarse de régimen, previa la doble asesoría. Esto supone que tienen hasta el 26 de julio de 2026 para efectuar el traslado.

¿Cómo se debe interpretar la disposición sobre la selección de una Administradora del Componente Complementario de Ahorro Individual?

Aunque la redacción del parágrafo transitorio del artículo 12 es confusa, la interpretación más favorable para los afiliados es que esta disposición surte efectos a partir de la entrada en vigor de la ley el 1 de julio de 2025. Esto permite un despliegue administrativo adecuado por parte de COLPENSIONES y las Administradoras de Fondos de Pensiones, evitando costos y preparación inmediata.

¿A quiénes no les aplica la nueva ley pensional?

La nueva ley no aplica a quienes tienen derechos adquiridos bajo la Ley 100 de 1993, es decir, aquellas personas que han cumplido con los requisitos de edad y semanas cotizadas antes del 1 de julio de 2025. Tampoco afecta a quienes están bajo el régimen de transición. Estos individuos pueden cumplir con los derechos o requisitos del régimen de transición hasta el 30 de junio de 2025.

¿Qué pasos deben seguir las personas que cumplen con los requisitos para el traslado de régimen dentro del plazo estipulado?

Las personas deben recibir la doble asesoría obligatoria según la Ley 1748 de 2014 y realizar el traslado de régimen dentro de los dos años desde la promulgación de la ley, es decir, antes del 26 de julio de 2026. Además, deben tener en cuenta que los valores de sus cuentas de ahorro individual seguirán siendo administrados por las Administradoras de Fondos de Pensiones hasta que se consolide la pensión integral de vejez o la pensión del régimen anterior.

¿Quiénes no pueden beneficiarse del traslado de régimen establecido en el artículo 76?

El traslado de régimen no aplica a las personas que ya han cumplido la edad mínima de pensión o que ya están pensionadas. Estas personas no pueden cambiarse de régimen según lo dispuesto en el artículo 76, incluso si consideran que su pensión sería más beneficiosa en el Régimen de Prima Media.

Afiliados obligatorios y voluntarios en la Ley 2381

1. AFILIACIÓN OBLIGATORIA

La afiliación al Sistema de Protección Social Integral para la Vejez, Invalidez y Muerte es obligatoria en el Pilar Contributivo para todos los trabajadores dependientes, independientes, rentistas de capital y en general para quienes devenguen ingresos iguales o superiores a un (1) salario mínimo legal vigente. Este Pilar se divide en dos componentes principales:

Componente Contributivo–Ahorro Individual: Los trabajadores que tengan un Ingreso Base de Cotización (IBC) superior a dos punto tres (2.3) salarios mínimos legales mensuales vigentes (SMLMV) deben seleccionar su Administradora de Fondo de Pensiones en este Componente. La selección debe hacerse a través de la Administradora del Fondo de Pensiones del Componente Complementario de Ahorro Individual.

Excepción para Afiliaciones Previas: Los afiliados que ya estuvieran vinculados a una Administradora de Fondos de Pensiones antes de la vigencia de la nueva ley no necesitarán realizar una nueva afiliación. Su estatus y condiciones se mantendrán sin necesidad de ajustes adicionales.

Obligación de Aportes: La afiliación al Pilar Contributivo conlleva la obligación de realizar los aportes establecidos por la ley. Los aportes deben ser calculados y recaudados mediante la Planilla Integrada de Liquidación de Aportes (PILA) o el mecanismo que se establezca para su sustitución, garantizando la distribución correcta de los recursos a las Administradoras correspondientes.

Límites y Bases de Cotización: El límite máximo de la base de cotización está fijado en veinticinco (25) salarios mínimos legales mensuales vigentes, conforme a la reglamentación legal establecida. Las cotizaciones son obligatorias para todos los afiliados que reciban ingresos iguales o superiores a un (1) salario mínimo legal vigente.

Cabe señalar que la Ley 2381 amplía el campo de afiliados obligatorios en comparación con lo que establecía la Ley 100 de 1993. Mientras que la Ley 100 limitaba la afiliación obligatoria a trabajadores dependientes, servidores públicos y algunos trabajadores independientes, la nueva ley extiende esta obligación a todas las personas que devenguen al menos un salario mínimo legal vigente, sin importar la naturaleza del contrato o la modalidad a través de la cual reciben ingresos. Esta ampliación abarca una mayor variedad de situaciones laborales, aumentando así el número de personas sujetas a afiliación obligatoria dentro del Sistema de Protección Social Integral para la Vejez.

2. AFILIACIÓN VOLUNTARIA

Colombianos en el Exterior: La afiliación al Sistema de Protección Social Integral para la Vejez es voluntaria para los colombianos domiciliados en el exterior, sin considerar su condición migratoria, siempre y cuando no sean afiliados obligatorios y no estén excluidos expresamente por la ley. Esta disposición permite a los ciudadanos colombianos que residen fuera del país acceder al sistema de pensiones bajo condiciones voluntarias.

Extranjeros con Contrato de Trabajo: También es voluntaria para los extranjeros que, en virtud de un contrato de trabajo, permanezcan en Colombia y no estén cubiertos por algún régimen pensional en su país de origen o en cualquier otro. Esta medida facilita la inclusión de trabajadores extranjeros en el sistema de protección social durante su permanencia en el país.

Convenios Internacionales: Los convenios y acuerdos internacionales que Colombia haya celebrado en materia pensional mantendrán su vigencia. Se realizarán los ajustes operativos necesarios para asegurar su correcta aplicación dentro del nuevo marco normativo establecido por la Ley 2381.

Para los afiliados a COLPENSIONES que no estén cubiertos por el Régimen de Transición estipulado en el artículo 76 de esta ley, y que coticen por encima de dos punto tres (2.3) SMLMV, se establece un período transitorio. Deberán seleccionar una Administradora del Componente Complementario de Ahorro Individual dentro de los primeros seis (6) meses contados a partir de la entrada en vigencia de la Ley 2381. Si no realizan esta selección dentro del plazo establecido, serán asignados aleatoriamente a través del mecanismo que el Gobierno Nacional determine para tal efecto.

3. DEPENDIENTES E INDEPENDIENTES QUE GANEN MENOS DEL MÍNIMO

La Ley 2381 introduce un cambio significativo en la afiliación obligatoria al Sistema de Seguridad Social Integral en comparación con el Decreto 2616 de 2013. Según esta nueva ley, también serán considerados afiliados obligatorios los trabajadores dependientes e independientes que laboren a tiempo parcial y ganen menos de un salario mínimo legal vigente.

Para los contratistas y trabajadores dependientes vinculados laboralmente por periodos inferiores a un mes o por días, así como para los trabajadores independientes que perciban un ingreso mensual inferior a un salario mínimo, se aplicarán las siguientes reglas:

Afiliación al Sistema de Seguridad Social en Salud: De acuerdo con la normativa correspondiente.

Afiliación al Pilar Contributivo del Sistema de Protección Social Integral para la Vejez: Tanto el empleador como el trabajador, ya sea dependiente o independiente, deberán cotizar al Sistema en los porcentajes establecidos.

Cotización por días o semanas: Se permitirá la cotización en función del número de días laborados en el mes, conforme a la siguiente tabla:

- Entre 1 y 7 días: Una (1) cotización mínima semanal que corresponderá a un ingreso base de cotización de ¼ del SMLMV.
- Entre 8 y 14 días: Dos (2) cotizaciones mínimas semanales que corresponderá a un ingreso base de cotización de ½ del SMLMV
- Entre 15 y 21 días: Tres (3) cotizaciones mínimas semanales que corresponderá a un ingreso base de cotización de ¾ del SMLMV.
- Más de 21 días: Cuatro (4) cotizaciones mínimas semanales (equivalentes a un salario mínimo mensual).

Este cambio amplía el alcance de la afiliación obligatoria establecida por el Decreto 2616 de 2013, que solo aplicaba a los trabajadores dependientes en situaciones similares. Con la Ley 2381, se incluye también a los trabajadores independientes, asegurando una mayor cobertura y equidad en el acceso al Sistema de Protección Social Integral para la Vejez.

4. AFILIACIÓN VOLUNTARIA PARA MUJERES CON INGRESOS INFERIORES A UN SALARIO MÍNIMO

Finalmente, las mujeres que, a pesar de tener ingresos menores a un (1) salario mínimo legal mensual vigente, no cuenten con vinculación laboral o contractual, y se encuentren afiliadas al sistema de salud ya sea como beneficiarias o en el régimen subsidiado, tendrán la opción de realizar aportes voluntarios al Pilar Contributivo del Sistema de Protección Social Integral para la Vejez.

Estas mujeres podrán efectuar sus aportes por un monto equivalente a un (1) salario mínimo legal mensual vigente. El pago de estos aportes se podrá realizar a través de un tercero, sin la necesidad de cumplir con la obligación de aportar al sistema de salud en paralelo.

Este mecanismo busca facilitar la inclusión en el sistema de pensiones de aquellas mujeres que, a pesar de sus bajos ingresos y falta de vínculo laboral o contractual, desean asegurar su futuro pensional. Esta disposición es una medida adicional para promover la equidad y la cobertura del sistema de protección social.

PREGUNTAS PRÁCTICAS SOBRE AFILIACIÓN

¿Qué condiciones deben cumplir los trabajadores para estar obligados a afiliarse al Pilar Contributivo según la Ley 2381?

Todos los trabajadores dependientes, independientes, rentistas de capital y, en general, quienes devenguen ingresos iguales o superiores a un (1) salario mínimo legal mensual vigente deben afiliarse obligatoriamente al Pilar Contributivo. Este Pilar se divide en dos componentes principales: el Componente Contributivo y el Ahorro Individual. Los trabajadores con un Ingreso Base de Cotización superior a dos punto tres (2.3) salarios mínimos legales mensuales vigentes deben seleccionar una Administradora de Fondo de Pensiones en el Componente Complementario de Ahorro Individual.

¿Qué sucede con los afiliados que ya estaban vinculados a una Administradora de Fondos de Pensiones antes de la vigencia de la Ley 2381?

Los afiliados que ya estuvieran vinculados a una Administradora de Fondos de Pensiones antes de la entrada en vigor de la nueva ley no necesitan realizar una nueva afiliación. Su estatus y condiciones se mantienen sin necesidad de ajustes adicionales.

¿Cómo se deben realizar los aportes al Pilar Contributivo y cuáles son los límites establecidos para la base de cotización?

Los aportes al Pilar Contributivo deben realizarse de acuerdo con las disposiciones establecidas por la ley y se calculan a través de la Planilla Integrada de Liquidación de Aportes (PILA) o el mecanismo que el Gobierno Nacional establezca para su sustitución. El límite máximo de la base de cotización está fijado en veinticinco (25) salarios mínimos legales mensuales vigentes. Las cotizaciones son obligatorias para todos los afiliados con ingresos iguales o superiores a un (1) salario mínimo legal vigente.

¿Cómo se amplía el campo de afiliados obligatorios con la Ley 2381 en comparación con la Ley 100 de 1993?

La Ley 2381 amplía el campo de afiliados obligatorios en comparación con la Ley 100 de 1993. Mientras que la Ley 100 limitaba la afiliación obligatoria a trabajadores dependientes, servidores públicos y algunos trabajadores independientes, la nueva ley incluye a todas las personas que devenguen al menos un salario mínimo legal vigente, sin importar la naturaleza del contrato o la modalidad de ingresos. Esto amplia significativamente el número de personas sujetas a afiliación obligatoria dentro del Sistema de Protección Social Integral para la Vejez.

¿Qué reglas se aplican a los trabajadores dependientes e independientes que ganan menos de un salario mínimo y laboran a tiempo parcial bajo la Ley 2381?

Para los contratistas y trabajadores dependientes vinculados por periodos inferiores a un mes o por días, y para los trabajadores independientes con ingresos mensuales inferiores a un salario mínimo, se aplican las siguientes reglas:

Cotización por días o semanas: Se permite la cotización basada en el número de días laborados en el mes, con las siguientes categorías:

- Entre 1 y 7 días: Una (1) cotización mínima semanal.
- Entre 8 y 14 días: Dos (2) cotizaciones mínimas semanales.
- Entre 15 y 21 días: Tres (3) cotizaciones mínimas semanales.
- Más de 21 días: Cuatro (4) cotizaciones mínimas semanales (equivalentes a un salario mínimo mensual).

¿Qué deben hacer las mujeres con ingresos menores a un salario mínimo que no tienen vinculación laboral o contractual para afiliarse al Pilar Contributivo siendo beneficiarias de alguien más en salud?

Las mujeres con ingresos menores a un salario mínimo, que no tengan vinculación laboral o contractual y se encuentren afiliadas al sistema de salud (sea como beneficiarias o en el régimen subsidiado), podrán realizar aportes voluntarios al Pilar Contributivo del Sistema de Protección Social Integral para la Vejez. Pueden efectuar sus aportes por un monto equivalente a un (1) salario mínimo legal mensual vigente, y el pago se puede realizar a través de un tercero sin necesidad de cumplir con la obligación de aportar al sistema de salud en paralelo. Esto facilita su inclusión en el sistema de pensiones y promueve la equidad en la cobertura del sistema de protección social.

Régimen de transición

DEFINICIÓN Y CONTEXTO DEL RÉGIMEN DE TRANSICIÓN

Un régimen de transición es una medida legislativa que surge cuando se produce un cambio en la ley que resulta desfavorable para un grupo de personas que tienen una legítima expectativa de derecho. Este régimen busca proteger a aquellos que están muy cerca de cumplir con los requisitos para obtener un derecho bajo la ley anterior, evitando que se vean perjudicados por la nueva normativa.

ELEMENTOS DEL RÉGIMEN DE TRANSICIÓN

Para entender y aplicar un régimen de transición, es necesario verificar tres elementos fundamentales:

- Cambio legislativo: Debe existir una modificación en la ley que afecte las condiciones para acceder a ciertos derechos.
- Grupo de destinatarios con legítima expectativa de derecho: Identificar a las personas que, bajo la ley anterior, estaban próximas a cumplir con los requisitos para obtener un derecho.
- Situación más desfavorable: Determinar que el cambio legislativo coloca a estos destinatarios en una posición menos favorable que la que tenían bajo la normativa previa.

LEGÍTIMA EXPECTATIVA DE DERECHO

La legítima expectativa de derecho es un concepto definido por el legislador y se refiere a aquellas personas que están muy cerca de cumplir con los requisitos necesarios para adquirir un derecho bajo la ley vigente antes del cambio. Estos individuos tienen una expectativa razonable y legítima de que podrán acceder a dicho derecho en un futuro próximo.

MECANISMOS DE PROTECCIÓN

El legislador es quien establece la forma en que se protegerán los derechos de las personas afectadas por el cambio legislativo. Existen varias maneras de implementar esta protección:

- Mantener todas las condiciones y derechos previos: En algunos casos, se decide que las personas afectadas continúen rigiéndose por la ley anterior, manteniendo intactos todos los requisitos y condiciones.
- Mantener algunas condiciones y particularidades: En otros casos, se puede optar por mantener ciertos aspectos específicos de la ley anterior, combinados con algunos elementos de la nueva normativa, para ofrecer una protección parcial pero significativa.

JUSTIFICACIÓN DEL RÉGIMEN DE TRANSICIÓN

El régimen de transición es fundamental para permitir cambios legislativos que sean necesarios debido a transformaciones sociales, económicas o demográficas. En el contexto del sistema pensional, estos cambios son particularmente relevantes debido a varios desafíos importantes:

- Inversión de la pirámide demográfica: El aumento en la proporción de personas mayores frente a la población joven crea una presión adicional sobre el sistema de pensiones.
- Extensión de la expectativa de vida: Las personas viven más tiempo, lo que implica la necesidad de financiar pensiones por períodos más largos.
- Baja cotización pensional: La insuficiente cantidad de cotizantes activos en relación con los pensionados compromete la sostenibilidad del sistema.
- Dependencia del mercado laboral: Los sistemas de pensiones basados en contribuciones están fuertemente ligados a la dinámica del mercado laboral, que puede ser inestable y afectar negativamente las contribuciones.

El régimen de transición es una herramienta legislativa esencial que equilibra la necesidad de implementar cambios normativos con la protección de los derechos de aquellos que se encuentran cerca de cumplir con los requisitos para adquirir un derecho bajo la ley anterior. Su correcta aplicación garantiza que los cambios legislativos necesarios para adaptar el sistema pensional a nuevos contextos y desafíos no perjudiquen injustamente a quienes tienen una legítima expectativa de derecho.

Artículo 75: Régimen de Transición

La Ley 2381 establece un régimen de transición en su artículo 75 para proteger a ciertos afiliados del nuevo Sistema de Protección Social Integral para la Vejez. Este artículo especifica las condiciones bajo las cuales se aplicará la normativa anterior, Ley 100 de 1993, a algunos cotizantes.

CONDICIONES PARA EL RÉGIMEN DE TRANSICIÓN O QUIÉNES TIENEN UNA LEGÍTIMA EXPECTATIVA DE DERECHO

Semanas Cotizadas: El régimen de transición se aplicará a las personas que, a la entrada en vigencia del nuevo sistema, cuenten con:

- 750 semanas cotizadas para las mujeres.
- 900 semanas cotizadas para los hombres.

A quienes no cumplan con las 750 semanas cotizadas (en el caso de las mujeres) o las 900 semanas cotizadas (en el caso de los hombres) a la entrada en vigencia del nuevo sistema, se les aplicará lo dispuesto en la nueva Ley 2381.

MANERA COMO SE LES PROTEGE SU LEGÍTIMA EXPECTATIVA

A estas personas se les continuará aplicando en su totalidad la Ley 100 de 1993 y las normas que la modifiquen, deroguen o sustituyan.

CÓMPUTO DE SEMANAS

Para calcular las semanas cotizadas, se tendrán en cuenta las semanas cotizadas en:

- Cualquiera de los regímenes pensiona les de la Ley 100 de 1993.
- El régimen Solidario de Prima Media con Prestación Definida.
- El régimen de Ahorro Individual con Solidaridad.
- El Instituto de Seguros Sociales.

- Cualquier caja, fondo o entidad del sector público o privado.
- El tiempo de servicio como servidores públicos.

Este cómputo permite sumar las semanas cotizadas en diferentes regímenes y entidades, brindando flexibilidad y reconocimiento a los periodos cotizados en distintas modalidades.

APLICACIÓN DE LA NUEVA LEY PARA OTRAS PRESTACIONES

El régimen de transición también se aplica a la indemnización sustitutiva de vejez y a la devolución de saldos reguladas en los términos de la Ley 100 de 1993, es decir a quienes a la entrada en vigencia de la Ley 2381 tenían 750 semanas si son mujeres y 900 si son hombres. De acuerdo con el artículo 37 de dicha ley, las personas que, habiendo cumplido la edad para obtener la pensión de vejez, no hayan cotizado el mínimo de semanas exigidas y declaren su imposibilidad de continuar cotizando, tendrán derecho a recibir una indemnización equivalente a un salario base de liquidación promedio semanal multiplicado por el número de semanas cotizadas. El resultado así obtenido se ajusta aplicando el promedio ponderado de los porcentajes sobre los cuales haya cotizado el afiliado.

Asimismo, según el artículo 66 de la Ley 100, aquellos que a las edades previstas no hayan cotizado el número mínimo de semanas exigidas y no hayan acumulado el capital necesario para financiar una pensión igual al salario mínimo, tendrán derecho a la devolución del capital acumulado en su cuenta de ahorro individual, incluidos los rendimientos financieros y el valor del bono pensional, si aplicara, o a continuar cotizando hasta alcanzar el derecho.

Es importante señalar que quienes no cumplan con las semanas requeridas, pero que sí cumplan con la edad de pensión y declaren que no van a continuar cotizando antes de la entrada en vigencia de la Ley 2381 el 1 de julio de 2025, podrán solicitar la indemnización sustitutiva si están en el régimen de prima media o la devolución de saldos si están en el régimen de ahorro individual. Esto implica que han causado su derecho a la indemnización o a la devolución de saldos y tienen un derecho adquirido a solicitarlas si cumplen con la edad antes de la entrada en vigencia de la nueva ley, aunque no están dentro del régimen de transición.

En cuanto a la existencia de un régimen de transición para las pensiones de invalidez y sobrevivencia, se podría afirmar que sí existe. No obstante, este régimen no tiene un impacto significativo, ya que las pensiones de invalidez y sobrevivencia se liquidan de manera similar tanto bajo la Ley 100 de 1993 como bajo la Ley 2381, y los requisitos para acceder a estos beneficios se mantienen constantes en ambos marcos normativos.

Para los beneficiarios, esto implica que no experimentarán cambios sustanciales en el cálculo o en los requisitos de las pensiones de invalidez y sobrevivencia bajo la nueva ley. Por lo tanto, si no hay diferencia en la forma de liquidación ni en los requisitos, el régimen de transición para estas pensiones carece de una razón de ser práctica, dado que no genera un cambio tangible para los beneficiarios.

CRÍTICAS AL RÉGIMEN DE TRANSICIÓN

Una crítica significativa al régimen de transición establecido en el artículo 75 de la Ley 2381 es la ausencia de una edad mínima para beneficiarse de este. Al no establecer un límite de edad, el régimen de transición se vuelve excesivamente amplio y puede extenderse indefinidamente en el tiempo. Esto es problemático porque un régimen de transición debería facilitar el cambio legislativo de manera justa y equilibrada.

La falta de un límite de edad mínima significa que muchas personas podrán continuar acumulando derechos bajo la Ley 100 de 1993, prolongando la carga financiera sobre el sistema de Prima Media. Este sistema ya enfrenta problemas de sostenibilidad debido a su estructura que permite pensiones que pueden llegar hasta el 80 % de 25 salarios mínimos legales mensuales vigentes (SMLMV). Estas pensiones son altamente subsidiadas, generando un desequilibrio económico considerable.

El diseño del régimen de transición perpetúa un problema crítico del sistema actual: la distribución inequitativa de subsidios. Actualmente, los subsidios en el sistema de Prima Media a menudo benefician desproporcionadamente a aquellos con mayores ingresos, en lugar de dirigir estos recursos hacia las personas con menores ingresos que más lo necesitan. La Ley 2381, al mantener el régimen de transición sin edad mínima, no aborda adecuadamente esta inequidad, perpetuando un sistema donde los recursos públicos se utilizan de manera ineficiente.

Para que una reforma pensional sea verdaderamente efectiva, debe abordar no solo la transición de un sistema a otro sino también los desafíos estructurales subyacentes que afectan la sostenibilidad y equidad del sistema. Esto incluye implementar medidas que aseguren que los subsidios se distribuyan de manera justa y eficiente, y que el sistema sea sostenible a largo plazo. Sin estos cambios, el régimen de transición tal como está establecido podría agravar los problemas existentes en lugar de resolverlos.

PREGUNTAS PRÁCTICAS SOBRE EL RÉGIMEN DE TRANSICIÓN

¿El régimen de transición aplica para todas las pensiones?

El régimen de transición no aplica para todas las pensiones de manera uniforme. Su aplicación depende de las especificidades de cada tipo de pensión y de los cambios normativos introducidos por nuevas leyes. A continuación, se detalla la aplicación del régimen de transición según los tipos de pensiones más comunes:

Pensión de Vejez: Sí, el régimen de transición suele aplicarse a las pensiones de vejez. Este régimen permite a los afiliados que ya han cumplido ciertos requisitos bajo la ley anterior (como número de semanas cotizadas o edad) mantener las condiciones previas para acceder a la pensión. Esto significa que pueden optar por las reglas anteriores si están cerca de cumplir los requisitos de pensión según la legislación vigente antes de la entrada en vigor de la nueva ley.

Pensión de Invalidez: En general, el régimen de transición también puede aplicarse a las pensiones de invalidez, pero su impacto suele ser menos significativo. Las reglas para la liquidación de las pensiones de invalidez suelen ser similares en ambas leyes, y los criterios para determinar el derecho a la pensión no cambian drásticamente. Por lo tanto, aunque existe un régimen de transición, el efecto práctico puede ser limitado.

Pensión de Sobrevivencia: Al igual que con la pensión de invalidez, el régimen de transición se aplica, pero no implica cambios significativos en la forma de liquidación ni en los requisitos para acceder a este tipo de pensión. Las condiciones para que los beneficiarios obtengan pensiones de sobrevivencia se mantienen bastante constantes entre las leyes, reduciendo el impacto del régimen de transición en estos casos.

Indemnización Sustitutiva y Devolución de Saldos: En el contexto de la Ley 100 y la Ley 2381, el régimen de transición también puede aplicarse, permitiendo que quienes cumplen ciertos requisitos antes de la entrada en vigor de la nueva ley soliciten indemnización sustitutiva o devolución de saldos bajo las condiciones anteriores.

En resumen, el régimen de transición se aplica en general para pensiones de vejez, invalidez y sobrevivencia, pero su impacto varía según el tipo de pensión y las especificaciones de la nueva legislación. En algunos casos, el régimen puede ser más relevante y en otros, su impacto puede ser menos significativo.

¿Es posible comprar semanas para ingresar al régimen de transición y beneficiarse de la pensión de vejez en Prima Media?

Sí, es posible "comprar semanas" para alcanzar a ingresar en el régimen de transición, pero solo en casos específicos. Si existen períodos de omisión en los que debió existir cotización, por ejemplo, porque el empleador no cotizó, porque siendo independiente con ingresos iguales o superiores a un mínimo legal no lo hizo, o tuvo un contrato de prestación de servicios por el que no cotizó, entonces sí puede hacerlo. No es posible inventarse cotizaciones por períodos en los que no se cotizó originalmente para beneficiarse del régimen de transición. Esta práctica podría considerarse una falta grave y ser sancionada, incluso con la pérdida del derecho pensional, según lo establecido en el artículo 48 de la Constitución Política y específicamente en la modificación introducida por el Acto Legislativo 01 de 2005, que consagra la revisión de derechos causados con abuso del derecho.

¿Qué consecuencias tiene intentar comprar semanas de manera fraudulenta?

Intentar comprar semanas de manera fraudulenta para ingresar al régimen de transición y beneficiarse de una pensión de vejez en Prima Media podría resultar en la pérdida del derecho pensional. Esto se debe a que el artículo 48 de la Constitución Política, modificado por el Acto Legislativo 01 de 2005, permite la revisión de derechos causados con abuso del derecho. Es crucial que los afiliados comprendan que solo pueden comprar semanas si realmente existen períodos de omisión justificables.

afiliados conozcan estas nuevas reglas para planificar adecuadamente su futuro pensional.

¿Cómo afecta el régimen de transición a la sostenibilidad del sistema pensional?

El régimen de transición sin límite de edad mínima podría afectar la sostenibilidad del sistema pensional de Prima Media, ya que permite que más personas continúen beneficiándose de pensiones altamente subsidiadas. Esto perpetúa la inequidad en la distribución de subsidios, que deberían dirigirse a las personas con menores ingresos.

¿Qué debe hacer un afiliado si su empleador no cotizó por algunos períodos?

Si un afiliado descubre que su empleador no cotizó por algunos períodos en los que debió hacerlo, tiene derecho a exigir la corrección de estas omisiones y pagar los aportes correspondientes para beneficiarse del régimen de transición. Es fundamental que los afiliados revisen sus historias laborales y tomen acción en caso de descubrir omisiones en sus cotizaciones.

¿Cómo afecta el cambio de legislación a las personas que cumplen con los requisitos para indemnización sustitutiva bajo la Ley 100 antes de la entrada en vigor de la Ley 2381?

Bajo la nueva Ley 2381, solo podrán solicitar la indemnización sustitutiva quienes tengan hasta 299 semanas cotizadas. Si un afiliado tiene 300 semanas o más, ya no será posible solicitar la indemnización sustitutiva, aunque es crucial considerar si el afiliado está bajo el régimen de transición. En caso de estar en régimen de transición, podrían aplicar criterios específicos para su caso.

Si cumplo la edad para la pensión antes del 1 de julio de 2025, no soy régimen de transición porque tengo menos de 750 o 900 semanas y no voy a seguir cotizando, ¿puedo pedir la indemnización sustitutiva de vejez si estoy en Colpensiones o la devolución de saldos si estoy en ahorro individual?

Sí, siempre y cuando no continúes cotizando. Si estás en Colpensiones y cumples con la edad para la pensión antes de la entrada en vigencia de la Ley 2381, podrás solicitar la indemnización sustitutiva de vejez. Si estás en un fondo de ahorro individual, podrás solicitar la devolución de saldos bajo las condiciones establecidas por la Ley 100, siempre que no sigas cotizando después de cumplir la edad.

¿En qué consiste el nuevo Sistema de Protección Social Integral para la Vejez, Invalidez y muerte?

El nuevo Sistema de Protección Social Integral para la Vejez, Invalidez y Muerte modifica sustancialmente la estructura de la protección a la vejez en Colombia. Este esquema no solo se centra en las pensiones, sino que integra diversas modalidades de protección social para asegurar un apoyo más amplio y equitativo a la población envejecida. La protección a la vejez, entendida en este contexto, abarca no solo las pensiones tradicionales, sino también otros mecanismos que otorgan rentas por debajo del mínimo, similares a los actuales programas para adultos mayores y los Beneficios Económicos Periódicos (BEPS).

Este sistema organiza en un solo esquema la manera de responder a la vejez, integrando diferentes pilares. El Pilar Solidario está dirigido a los más vulnerables y a algunos grupos poblacionales específicos, otorgando rentas inferiores al salario mínimo y aplicable únicamente a los colombianos residentes en el país. El Pilar Semicontributivo se destina a quienes han cotizado entre 300 y hasta 1,000 semanas, y a partir de 2036, hasta 1,300 semanas para los hombres. Este pilar proporciona una protección inferior al salario mínimo, con un máximo del 80 % del salario mínimo legal mensual vigente (SMLMV). El Pilar Contributivo, por su parte, abarca dos componentes: Prima Media, que cubre cotizaciones hasta 2.3 SMLMV, y Ahorro Individual, que cubre cotizaciones que superen el límite de la Prima Media. Este pilar es aplicable a todas las personas residentes en Colombia y a los colombianos domiciliados en el exterior.

Uno de los principales cambios y críticas del nuevo sistema es la reducción de subsidios inequitativos. En el esquema anterior, el sistema de Prima Media permitía la liquidación de pensiones hasta el 80 % de 25 SMLMV, altamente subsidiadas. Ahora, solo se pueden liquidar pensiones bajo el esquema de Prima Media hasta el 80 % de 2.3 SMLMV, destinando los subsidios principalmente al Pilar Solidario para atender la pobreza de los más vulnerables. Este cambio es positivo para mejorar la equidad en el sistema, aunque ha suscitado críticas de aquellos que esperaban pensionarse con ingresos cercanos a sus ingresos laborales y que no son beneficiarios del régimen de transición.

Un punto favorable de la Ley 2381 de 2014, que incluye el nuevo sistema pensional, son los artículos en favor de las mujeres, lo que resulta justificado e importante. Las mujeres suelen tener periodos de trabajo interrumpidos predominantemente por el rol de cuidado que asumen en sus hogares, lo que las lleva a renunciar a trabajos, a no participar en el mercado laboral y a ganar menos por trabajar menos horas, ya que deben compatibilizarlas con sus largas jornadas dedicadas al trabajo de cuidado. En esquemas contributivos como el nuestro, estos problemas que enfrentan en el mercado laboral se reflejan en el esquema pensional, resultando en la falta de una pensión de vejez o en pensiones más bajas. La reforma incluye artículos que abordan este problema y disminuyen progresivamente las semanas mínimas exigidas a las mujeres para pensionarse, estableciendo un límite de 1,000 semanas para el año 2036. Además, como el monto pensional se incrementa en el componente de Prima Media en 1.5 puntos porcentuales por cada grupo de 50 semanas adicionales requeridas a las mínimas para pensionarse, las mujeres podrán acceder a tasas de reemplazo más altas ya que el límite mínimo a partir del cual comienza a sumarse 1,5 puntos porcentuales no será el de 1,300 semanas sino menos. También se considera una disminución de 50 semanas por cada hijo, incluyendo a los adoptivos, hasta un máximo de tres, para efectos de causar la pensión. Estas medidas buscan mitigar las desventajas que enfrentan las mujeres en el sistema pensional y promover una mayor equidad de género.

La distribución de la cotización también se verá modificada. Estas modificaciones buscan mejorar la sostenibilidad financiera del sistema y asegurar una distribución más justa de los recursos.

En cuanto a las pensiones de invalidez y sobrevivencia, no se observan cambios drásticos. Estas pensiones seguirán dependiendo de la densidad de semanas cotizadas y de los ingresos de los últimos 10 años de vida laboral, pudiendo llegar hasta el 75% de 25 SMLMV. Esta continuidad ha generado críticas, ya que estas prestaciones seguirán operando fuera del esquema de pilares, manteniendo un nivel de beneficios que puede ser visto como inequitativo.

PREGUNTAS PRÁCTICAS

¿Cómo modifica el nuevo Sistema de Protección Social Integral para la Vejez, Invalidez y Muerte la estructura de la protección a la vejez en Colombia?

El nuevo sistema integra diversas modalidades de protección social, abarcando no solo las pensiones tradicionales, sino también otros mecanismos que otorgan rentas por debajo del mínimo. Se organiza en diferentes pilares: el Pilar Solidario para los más vulnerables con rentas inferiores al salario mínimo; el Pilar Semicontributivo para quienes han cotizado entre 300 y 1,000 semanas, con un máximo del 80 % del SMLMV; y el Pilar Contributivo, que incluye Prima Media hasta 2.3 SMLMV y Ahorro Individual para cotizaciones que superen ese límite.

¿Qué cambios introduce el nuevo sistema en los subsidios de pensión?

El nuevo sistema reduce los subsidios inequitativos que permitían pensiones hasta el 80 % de 25 SMLMV bajo el esquema de Prima Media. Ahora, las pensiones se liquidarán hasta el 80 % de 2.3 SMLMV, y los subsidios se destinan principalmente al Pilar Solidario para apoyar a los más vulnerables, lo que busca mejorar la equidad en el sistema.

¿Qué medidas se han tomado en la Ley 2381 de 2014 para beneficiar a las mujeres en el nuevo sistema pensional?

La Ley 2381 de 2014 disminuye progresivamente las semanas mínimas exigidas para las mujeres, estableciendo un límite de 1,000 semanas para 2036. También reduce en 50 semanas por cada hijo, incluyendo adoptivos, hasta un máximo de tres, para causar la pensión.

¿Qué cambios se observan en las pensiones de invalidez y sobrevivencia bajo el nuevo sistema?

No se observan cambios drásticos en las pensiones de invalidez y sobrevivencia, que seguirán dependiendo de la densidad de semanas cotizadas y de los ingresos de los últimos 10 años de vida laboral, pudiendo llegar hasta el 75 % de 25 SMLMV. Estas prestaciones continuarán operando fuera del esquema de pilares, lo que ha generado críticas por la posible inequidad en el nivel de beneficios.

Principios del Sistema de Protección Social Integral para la Vejez, Invalidez y Muerte de Origen Común

El Sistema de Protección Social Integral para la Vejez, Invalidez y Muerte de origen común se basa en una serie de principios que no solo guían la interpretación y aplicación de las normas, sino que también orientan la elaboración de decretos reglamentarios necesarios para el cumplimiento de la ley. A continuación, se presentan y explican estos principios:

a) Universalidad: Este principio garantiza que todas las personas, de acuerdo con su caracterización dentro de los pilares solidario, semicontributivo y contributivo, tendrán acceso a la protección social sin discriminación alguna.

b) Solidaridad: Refleja la ayuda mutua entre individuos, generaciones, sectores económicos, regiones y comunidades. Implica que el esfuerzo y actividad de cada uno beneficien a otros, promoviendo el interés colectivo.

c) Dignidad: Reconoce el valor inherente de cada persona, incluyendo su autonomía y condiciones de vida dignas. Se excluyen de beneficios a quienes hayan sido declarados indignos para suceder al pensionado o afiliado causante, según lo establecido en el artículo 1025 del Código Civil o las normas que lo modifiquen o sustituyan.

El artículo 1025 del Código Civil establece que son indignos de suceder al difunto como herederos o legatarios:

- Quien ha cometido homicidio contra el difunto o ha intervenido en el crimen por obra o consejo, o lo dejó perecer pudiendo salvarlo.
- Quien cometió un atentado grave contra la vida, el honor o los bienes del difunto, su cónyuge o sus ascendientes o descendientes, con sentencia ejecutoriada que lo pruebe.
- Un consanguíneo dentro del sexto grado que, pudiendo socorrer al difunto en estado de demencia o destitución, no lo hizo.

- Quien obtuvo por fuerza o dolo alguna disposición testamentaria del difunto o le impidió testar.
- Quien ocultó o detuvo dolosamente un testamento del difunto.
- Quien abandonó sin justa causa al difunto estando obligado por ley a suministrarle alimentos.
- Quien haya sido condenado con sentencia ejecutoriada por delitos específicos del Código Penal siendo el difunto la víctima.
- Quien abandonó sin justa causa al difunto en situación de discapacidad, no prestándole las atenciones necesarias.

Se exceptúa al heredero o legatario que, habiendo abandonado al causante, este último haya manifestado su voluntad de perdonarlo y de sucederlo, demostrado mediante los mecanismos probatorios previstos en la ley, antes de la sentencia judicial de declaración de indignidad sucesoral y estando el causante en pleno ejercicio de su capacidad legal.

Este principio de indignidad sucesoral se enfoca en la protección de la dignidad y el respeto hacia el causante, alineándose con valores morales y éticos en la sucesión de bienes y derechos. Sin embargo, cabe destacar que esta referencia al Código Civil puede ser contradictoria con la evolución de la jurisprudencia de la sala laboral en temas de pensiones y seguridad social, la cual ha enfatizado que la seguridad social y los asuntos de familia son ámbitos distintos que protegen derechos diferentes. La seguridad social no debe depender del derecho civil, ya que cada campo jurídico tiene sus propios principios y normas que regulan sus materias específicas.

d) Igualdad: Todos deben tener los mismos derechos, libertades y oportunidades en protección social, con trato igualitario para quienes se encuentran en situaciones similares y trato diferenciado para situaciones distintas.

e) Inclusión: Asegura la participación significativa de personas con discapacidad y la promoción de sus derechos, mediante un enfoque sistemático de inclusión en todas las esferas del sistema.

f) Eficiencia: Busca el mejor uso económico y financiero de los recursos disponibles para asegurar el reconocimiento y pago adecuado, oportuno y suficiente de los beneficios del sistema.

g) Integralidad: Cubre las contingencias de invalidez, vejez y muerte, afectando la seguridad económica y las condiciones de vida.

Promueve la unificación de los componentes del pilar contributivo para alcanzar una pensión integral.

h) Unidad: Articula políticas, instituciones, mecanismos, procedimientos y prestaciones para alcanzar los fines de la protección social.

i) Participación: Fomenta la intervención de comunidades y organizaciones de trabajadores y pensionados en la organización, gestión y fiscalización del sistema, permitiendo que las personas influyan en las decisiones que las afectan.

j) Financiamiento colectivo: El sistema se financia colectivamente a través de aportes, cotizaciones y recursos públicos destinados para este fin.

k) Diálogo social: Basado en acuerdos, consultas e intercambios de información entre el Gobierno, empleadores, trabajadores, pensionados, beneficiarios y organizaciones sociales sobre políticas de protección social.

l) Irrenunciabilidad: Los derechos y prerrogativas en materia de protección social son irrenunciables.

m) Enfoque de Género y Diversidad: Considera las diferentes oportunidades de acceso a la protección social para mujeres, hombres y poblaciones diversas, atendiendo las relaciones y roles sociales asignados.

n) Sostenibilidad financiera-actuarial a largo plazo: Asegura que todas las personas aporten al sistema de acuerdo con sus ingresos y que el Estado disponga de los recursos necesarios para garantizar el goce progresivo del derecho a la protección social, conforme a la normativa fiscal y estudios actuariales.

o) Progresividad del derecho: Obliga al Estado a avanzar gradualmente hacia la plena realización del derecho a la protección social, creando mecanismos de información y asesoría para facilitar la comprensión del sistema.

p) Derechos adquiridos: Respeta los derechos adquiridos y las legítimas expectativas, conforme a la Constitución y jurisprudencia vigente.

q) Eficacia: Exige que las actuaciones públicas produzcan resultados concretos y oportunos, cumpliendo los fines establecidos en la normativa.

r) Especial protección a la población rural: Implementa acciones afirmativas para superar las diferencias en acceso a la seguridad social entre el campo y la ciudad.

s) Enfoque étnico: Garantiza el acceso de comunidades negras, afrocolombianas, raizales, palenqueras, indígenas y Rrom al sistema, respetando sus usos y costumbres.

t) Celeridad e interoperabilidad: Optimiza tiempos y recursos para resolver solicitudes y trámites de manera rápida y eficiente, especialmente para adultos mayores, personas con discapacidad y en situación de pobreza.

u) Libertad de elección: Respeta y garantiza el derecho de libre elección de los afiliados, sin coacción ni transgresión de su libertad fundamental.

v) Rentabilidad: Asegura que los recursos derivados de aportes y cotizaciones generen rentabilidad, incrementando los fondos destinados a pensiones, subsidios, indemnizaciones o devoluciones.

Estos principios actúan como criterios fundamentales para la interpretación y aplicación del Sistema de Protección Social Integral, asegurando una implementación coherente y equitativa de las normas. Además, sirven de guía para los decretos reglamentarios necesarios para cumplir con la ley. En comparación con la Ley 100, se introducen nuevos principios, como el enfoque étnico, rural y de género, que representan un avance significativo hacia la inclusión y la equidad. La ley también promueve una visión colectiva en la reivindicación de derechos, fortaleciendo la participación comunitaria y la solidaridad intergeneracional.

Asimismo, se incorporan los principios de interoperabilidad y celeridad, esenciales para optimizar la resolución de casos y el reconocimiento de pensiones. Estos principios buscan abordar de manera efectiva uno de los problemas más críticos del sistema pensional actual: la demora en los trámites y el reconocimiento de derechos.

Organización del sistema

ADMINISTRACIÓN DEL SISTEMA

En este capítulo, se abordarán los deberes y responsabilidades de los distintos actores dentro del Sistema de Protección Social Integral para la Vejez, según lo establecido en la Ley 2381. Estos actores incluyen a las administradoras, empleadores, contratantes, afiliados y beneficiarios. Cada uno de estos actores juega un papel crucial en el funcionamiento efectivo y equitativo del sistema, asegurando que se cumplan los objetivos de protección y sostenibilidad social para la vejez.

1. DEBERES DE LAS ADMINISTRADORAS

Las administradoras, tanto públicas como privadas, son responsables de la gestión y administración de los fondos de pensiones dentro del Sistema de Protección Social Integral para la Vejez. Sus deberes incluyen:

Asesoría e información:

Brindar asesoría constante y proporcionar información unificada y periódica a los cotizantes sobre el estado de sus aportes y las rentabilidades generadas.

Provisión de información comprensible:

Facilitar mecanismos que permitan a los afiliados conocer proyecciones sobre sus prestaciones y opciones de rentabilidad.

Reconocimiento y pago de prestaciones:

Asegurar el reconocimiento y pago oportuno de las prestaciones que corresponden a los afiliados, sin imponer cargos adicionales no contemplados en la ley.

Gestión administrativa:

Asumir las cargas administrativas necesarias para el reconocimiento de las prestaciones económicas, garantizando que los gastos de administración sean los únicos deducibles permitidos.

Envío de extractos:

Enviar trimestralmente a los afiliados un extracto detallado de su cuenta, incluyendo semanas cotizadas, sumas depositadas, rendimientos, saldos, comisiones y primas pagadas.

Atención a Usuarios:

Suministrar información clara y oportuna sobre los derechos y deberes de los afiliados, resolver peticiones dentro del término legal y garantizar canales de atención especializados para poblaciones vulnerables.

Diseño de mecanismos de rentabilidad:

Desarrollar estrategias para maximizar la rentabilidad de los aportes y cotizaciones, asegurando rendimientos favorables para el financiamiento de pensiones y otros beneficios.

2. DEBERES DE LOS EMPLEADORES Y CONTRATANTES DE PRESTACIÓN DE SERVICIOS

Los empleadores y contratantes tienen un rol fundamental en el sostenimiento del sistema. Sus deberes incluyen:

Pago de aportes:

Realizar el pago de los aportes propios y los de sus trabajadores o contratistas, descontando las cotizaciones obligatorias y voluntarias del salario o honorarios.

Cumplimiento de plazos:

Efectuar el pago de las cotizaciones dentro de los plazos establecidos por el Gobierno Nacional.

Actualización de información:

Mantener actualizada toda la información requerida para la liquidación y pago de las contribuciones al sistema.

Responsabilidad en el pago:

Asumir la responsabilidad total de los aportes, incluso si no se ha realizado el descuento al trabajador, con las sanciones correspondientes en caso de incumplimiento.

Respeto a la elección del afiliado:

Facilitar el acceso a información sobre la elección del fondo de pensiones y respetar la decisión del afiliado sin intervenir o modificar su afiliación sin consentimiento.

Reporte de novedades:

Informar sobre las novedades laborales, incluyendo cambios en el ingreso base de cotización, vinculaciones y retiros de trabajadores, y garantizar que los trabajadores conozcan sus derechos y obligaciones en el sistema.

3. DEBERES DE LOS AFILIADOS Y BENEFICIARIOS

Los afiliados y beneficiarios también tienen responsabilidades clave para garantizar el funcionamiento del sistema:

Uso racional de los servicios:

Utilizar de manera adecuada y racional los servicios y recursos del sistema.

Cumplimiento normativo:

Cumplir con las normas del Sistema de Protección Social Integral para la Vejez.

Suministro de información:

Proporcionar información oportuna, veraz y suficiente cuando sea requerida por las administradoras o empleadores.

Contribución al sistema:

Contribuir al financiamiento del sistema conforme a lo establecido en la ley.

Actualización de información:

Mantener actualizados los datos de contacto y revisar periódicamente su historia laboral.

Informarse sobre el sistema:

Estar informado sobre los mecanismos y derechos establecidos en la ley para aprovechar plenamente los beneficios del sistema.

Mucho se ha preguntado sobre el destino del dinero acumulado en los fondos de pensiones privados. Según la nueva legislación, los valores contenidos en las cuentas de ahorro individual, administradas por las Administradoras del Régimen de Ahorro Individual con Solidaridad al momento de entrar en vigencia la ley, seguirán siendo gestionados por estas entidades hasta que se consolide la pensión integral de vejez. En ese momento, el valor de las cotizaciones junto con sus rendimientos, hasta un tope de dos punto tres (2.3) salarios mínimos legales mensuales vigentes (SMLMV), será transferido al Componente de Prima Media administrado por COLPENSIONES. El excedente de este valor continuará en el Componente Complementario de Ahorro Individual, donde se utilizará para constituir una renta vitalicia destinada a la pensión integral.

Otra preocupación frecuente ha sido la rentabilidad mínima de estos fondos. La ley establece que el Sistema de Protección Social Integral para la Vejez debe garantizar que los recursos derivados de aportes y cotizaciones generen una rentabilidad que incremente los fondos destinados al financiamiento de pensiones, subsidios e indemnizaciones. Las administradoras del Componente Complementario de Ahorro Individual tienen la obligación de garantizar una rentabilidad mínima, respaldada por el patrimonio de las entidades administradoras. Para asegurar la seguridad, rentabilidad y liquidez de los recursos, estas administradoras deberán invertir conforme a las directrices establecidas por el Gobierno Nacional, considerando los tipos y porcentajes de activos permitidos según su nivel de riesgo.

Finalmente, se ha dispuesto que quienes estén afiliados a COLPENSIONES y no se encuentren bajo el Régimen de Transición deberán seleccionar una administradora del Componente Complementario de Ahorro Individual dentro de un plazo de seis meses. Si no realizan esta selección, serán asignados aleatoriamente a través de un mecanismo que establecerá el Gobierno Nacional. Aunque el texto de la ley puede resultar confuso, ya que la selección parece depender de la emisión de decretos reglamentarios y ajustes en la planilla de aportes, lo más favorable para los usuarios sería que el plazo para realizar esta selección comience a regir desde la entrada en vigor de la ley, es decir, a partir de julio de 2025. Esto les daría más tiempo para entender sus opciones y tomar una decisión informada sobre su futura administradora.

PREGUNTAS PRÁCTICAS

¿Los contratantes de servicios deben ahora cotizar a pensión, o esta obligación sigue siendo exclusiva de los empleadores?

Sí, según la Ley 2381, tanto los empleadores como los contratantes de prestación de servicios están obligados a realizar cotizaciones a pensión. Esto significa que, si contratas servicios de una persona a través de un vínculo que no es un contrato de trabajo, debes asumir la responsabilidad de realizar los aportes correspondientes al sistema de pensiones, al igual que lo hacen los empleadores con sus trabajadores.

¿Existe un nivel mínimo de rentabilidad que deben garantizar las administradoras de fondos de pensiones?

Sí, la ley establece que las administradoras del Componente Complementario de Ahorro Individual deben garantizar una rentabilidad mínima para los fondos que gestionan. Este nivel mínimo de rentabilidad está respaldado por el patrimonio de las administradoras, y el objetivo es asegurar que los recursos destinados a las pensiones generen rendimientos favorables para los afiliados.

¿El dinero que tengo en mi cuenta de ahorro individual pasa inmediatamente a COLPENSIONES con la nueva ley?

No, el dinero en las cuentas de ahorro individual no se transfiere inmediatamente a COLPENSIONES. Según la ley, los valores en las cuentas de ahorro individual seguirán siendo administrados por las Administradoras del Régimen de Ahorro Individual con Solidaridad hasta que se consolide la pensión integral de vejez. En ese momento, las cotizaciones junto con los rendimientos, hasta un límite de 2.3 salarios mínimos legales mensuales vigentes (SMLMV), serán transferidos a COLPENSIONES, mientras que el excedente permanecerá en el Componente Complementario de Ahorro Individual.

¿Cuánto tiempo tengo para escoger un fondo de pensiones si solo he estado en COLPENSIONES y tengo ingresos por encima de 2.3 salarios mínimos legales mensuales vigentes?

Tienes un plazo de seis meses para seleccionar una administradora del Componente Complementario de Ahorro Individual, contado a partir de la entrada en vigor de la ley, que será en julio de 2025. Si no haces esta selección dentro de ese periodo, serás asignado a una administradora de manera aleatoria por un mecanismo establecido por el Gobierno Nacional.

¿Desde cuándo comienza a contar el plazo para seleccionar un fondo de pensiones si solo he estado en COLPENSIONES y tengo ingresos superiores a 2.3 SMLMV?

El plazo para seleccionar un fondo de pensiones comenzará a contar a partir de la entrada en vigor de la ley, es decir, desde julio de 2025. Esto te dará tiempo para evaluar tus opciones y tomar una decisión informada sobre tu futura administradora.

Rectoría del sistema

En este capítulo se relacionarán los deberes y responsabilidades que le competen al Estado en la dirección, organización, control, supervisión, y financiamiento del Sistema de Protección Social Integral para la Vejez, Invalidez y Muerte, de acuerdo con la Ley 2381 de 2924.

DIRECCIÓN Y ORGANIZACIÓN DEL SISTEMA

El Estado tiene la responsabilidad de dirigir, organizar y coordinar el Sistema de Protección Social Integral para la Vejez, Invalidez y Muerte. Esto implica no solo la creación de políticas y normativas que rijan el sistema, sino también la implementación de mecanismos que aseguren su funcionamiento efectivo. La rectoría estatal se extiende a la coordinación interinstitucional, garantizando que todas las entidades competentes trabajen de manera articulada.

CONTROL, VIGILANCIA Y SUPERVISIÓN

La supervisión del sistema es fundamental para asegurar su transparencia y eficacia. El Estado debe controlar, vigilar y supervisar el funcionamiento del sistema a través de las entidades competentes. Esto incluye la adopción de decisiones oportunas para corregir cualquier desvío en la operación del sistema, garantizando así que se cumplan los objetivos de protección social. Las entidades administradoras de cada uno de los Pilares Semicontributivo, Contributivo y de Ahorro Voluntario del Sistema de Protección Social Integral para la Vejez, estarán sujetas al control y vigilancia de la Superintendencia Financiera de Colombia.

INFORMACIÓN Y COMUNICACIÓN

El acceso a información clara y oportuna es un derecho de los ciudadanos. El Estado tiene el deber de garantizar canales de información idóneos, continuos y accesibles para los destinatarios del sistema. Esta información debe ser precisa, suficiente, clara y entregada en tiempo oportuno, de acuerdo con los lineamientos que fije el Gobierno Nacional.

Corresponde a las Administradoras públicas y privadas de los Pilares del Sistema de Protección Social Integral para la Vejez, así como a las entidades que participen en este sistema, cumplir con funciones esenciales que aseguren la transparencia y eficiencia en la administración de los fondos de pensiones. Estas entidades tienen la obligación de asesorar y brindar información periódica y unificada a los cotizantes sobre el estado de sus cotizaciones y/o aportes, así como sobre las rentabilidades generadas a favor de los mismos. Para facilitar la toma de decisiones informadas por parte de los afiliados, las Administradoras deben proporcionar mecanismos de información completos y comprensibles que incluyan proyecciones de las prestaciones, así como las mejores opciones de rentabilidad y estrategias para el fortalecimiento de los recursos. En particular, las Administradoras del Componente de Ahorro Individual, Colpensiones o la entidad que haga sus veces, están obligadas a enviar a sus afiliados un extracto trimestral que detalle las semanas cotizadas o sus equivalentes, las sumas depositadas, los rendimientos obtenidos, los saldos acumulados, así como el monto de las comisiones cobradas y las primas pagadas. Este extracto debe consolidar las subcuentas que los afiliados posean en los diferentes Fondos de Pensiones administrados, garantizando así una visión clara y consolidada de su situación financiera en el sistema.

FINANCIAMIENTO DEL SISTEMA

La provisión de recursos públicos para el financiamiento del sistema es una responsabilidad estatal clave. El Estado debe garantizar que los recursos destinados a financiar el Sistema de Protección Social Integral para la Vejez, Invalidez y Muerte sean asignados y distribuidos conforme a las limitaciones establecidas por la Regla Fiscal y los marcos fiscales y de gasto de mediano plazo.

Los recursos del Sistema de Protección Social Integral para la Vejez, Invalidez y Muerte son fondos públicos con una naturaleza parafiscal, lo que significa que están destinados exclusivamente al cumplimiento de los fines propios del sistema, como el pago de pensiones, subsidios, y demás beneficios previstos en la ley. Estos recursos no pertenecen ni a la Nación ni a las entidades que los administran, lo que implica que su uso está estrictamente limitado a las funciones para las cuales fueron creados. Se prohíbe categóricamente la apropiación o utilización de estos recursos, incluyendo sus rendimientos financieros, para cualquier otro propósito, como la financiación de planes de gobierno, el pago de deuda pública o privada, o su programación en las cuentas de ingresos corrientes dentro del ciclo presupuestal de la Nación. Esta restricción asegura que los fondos permanezcan dedicados exclusivamente a garantizar los derechos de los afiliados y beneficiarios del sistema, protegiendo la integridad financiera del mismo y evitando su desvío hacia otros fines que puedan comprometer su sostenibilidad y eficacia.

Cada cuenta de ahorro individual del Pilar Contributivo en su Componente Complementario de Ahorro Individual es de propiedad exclusiva del afiliado, lo que significa que los fondos depositados en estas cuentas son de naturaleza privada y están destinados específicamente a garantizar la pensión futura del afiliado. Debido a esta propiedad individual, estos fondos no se consideran ingresos sujetos a impuestos, como lo establece el artículo 55 del Estatuto Tributario Nacional. Además, todas las cuentas individuales juntas conforman un patrimonio autónomo, lo que implica que están separadas e independientes del patrimonio de la entidad administradora, del patrimonio del Estado y del Tesoro Nacional. Esta independencia garantiza que los recursos en estas cuentas no puedan ser utilizados para cubrir obligaciones o deudas de la entidad administradora ni para otros fines ajenos al beneficio del afiliado.

De acuerdo con lo señalado, en el contexto del Sistema de Protección Social Integral para la Vejez, Invalidez y Muerte, los recursos tienen una doble naturaleza que combina características tanto de fondos parafiscales como de cuentas individuales privadas, ambos con una destinación específica. Los fondos parafiscales son aquellos recursos públicos que se destinan exclusivamente al cumplimiento de fines específicos establecidos por la ley, como el pago de pensiones y subsidios. Estos recursos no pertenecen a la Nación ni a las entidades que los administran y están sujetos a una estricta regulación para evitar su uso en actividades ajenas a las previstas en el sistema, como la financiación de planes de gobierno o el pago de deudas públicas. La naturaleza parafiscal asegura que estos fondos se utilicen únicamente para proteger y beneficiar a los afiliados al sistema.

Por otro lado, las cuentas de ahorro individual del Pilar Contributivo, aunque forman parte de este mismo sistema, tienen una naturaleza privada. Estas cuentas son propiedad exclusiva de los afiliados y están destinadas a garantizar su pensión futura. A diferencia de los fondos parafiscales, los recursos en estas cuentas pertenecen a los propios afiliados. Sin embargo, aunque los fondos en estas cuentas son privados, su uso está igualmente sujeto a restricciones; no pueden ser utilizados con el pleno ejercicio de las facultades de la propiedad privada, es decir, sin restricciones. Están destinados únicamente a garantizar la seguridad y el crecimiento de los ahorros para la jubilación, protegiendo así los derechos individuales de los afiliados y evitando su uso para otros fines.

En resumen, mientras que los fondos parafiscales del sistema son recursos públicos destinados a fines colectivos dentro del marco de la seguridad social, las cuentas individuales son de naturaleza privada, pero también tienen una destinación específica. La coexistencia de ambos tipos de recursos dentro del sistema refleja un equilibrio entre la responsabilidad colectiva y la protección de los derechos individuales, asegurando que ambos cumplan con su propósito sin desviarse de su finalidad establecida.

VINCULACIÓN Y EDUCACIÓN CIUDADANA

Promover la vinculación de todos los ciudadanos al sistema es esencial para su sostenibilidad y equidad. Además, el Estado debe fomentar la educación ciudadana sobre el sistema de protección social y el ahorro para la vejez, con el fin de fortalecer la cultura de previsión social y asegurar que los ciudadanos comprendan sus derechos y responsabilidades.

CÁLCULO DE RECURSOS PENSIONALES

El Estado tiene la obligación de calcular de manera precisa la totalidad de los recursos destinados a la financiación del pasivo pensional, incluyendo aquellos fondeados con recursos públicos a nivel territorial y nacional. Esto es fundamental para garantizar la sostenibilidad del sistema y asegurar el pago de pensiones presentes y futuras.

La obligación del Estado de calcular de manera precisa los recursos destinados a la financiación del pasivo pensional es vital para la sostenibilidad del Sistema de Protección Social Integral para la Vejez. Este cálculo preciso garantiza que los fondos necesarios estén disponibles para cumplir con las obligaciones presentes y futuras del sistema, evitando déficits que podrían comprometer el pago de pensiones y generar una crisis financiera. Además, promueve la transparencia y la rendición de cuentas en la gestión de los recursos públicos, reforzando la confianza de la ciudadanía en el sistema y asegurando que los fondos se utilicen de manera justa y equitativa.

Como ciudadanos, podemos contribuir a garantizar este proceso participando activamente en el control y vigilancia de la gestión pública. Esto incluye estar informados sobre el estado del sistema de pensiones, exigir transparencia en la administración de los recursos y apoyar iniciativas que promuevan la rendición de cuentas.

CUMPLIMIENTO DE REQUISITOS PARA EL ACCESO

Para maximizar el beneficio de los afiliados, el Estado debe procurar que las personas cumplan con los requisitos necesarios para acceder al pilar que más los favorezca. Este proceso debe ser transparente y estar orientado a garantizar la mayor cobertura posible.

El principio de favorabilidad en el contexto de la seguridad social exige que las decisiones que afectan a los afiliados se orienten siempre hacia lo que resulte más beneficioso para ellos, no para el sistema en su conjunto. Es crucial entender que lo más favorable no es lo que el afiliado decida por sí mismo, ya que esto podría llevar a una situación de renunciabilidad de sus derechos a la seguridad social, lo cual está explícitamente prohibido. Por ello, el Estado tiene la responsabilidad de asegurar que los afiliados cumplan con los requisitos necesarios para acceder al pilar que más los favorezca, garantizando la máxima cobertura posible y protegiendo los derechos fundamentales de los trabajadores.

RENTABILIDAD Y BUEN USO DE LOS RECURSOS

Es deber del Estado velar por la rentabilidad y el uso adecuado de los recursos destinados al financiamiento de pensiones, subsidios e indemnizaciones. Esto incluye la supervisión del Fondo de Ahorro del Pilar Contributivo, asegurando que los recursos, tanto de cotizaciones como del presupuesto nacional, se utilicen de manera eficiente y responsable.

El Estado, como garante de la seguridad social, tiene la responsabilidad ineludible de velar por la rentabilidad y el uso adecuado de los recursos destinados al financiamiento de pensiones, subsidios e indemnizaciones. Esto significa que el Estado no solo debe supervisar la correcta administración del Fondo de Ahorro del Pilar Contributivo, sino también garantizar que los recursos, ya sean provenientes de las cotizaciones de los afiliados o del presupuesto nacional, se utilicen de manera eficiente y responsable.

Ahora bien, la pregunta que surge es: ¿debe el Estado responder en caso de un eventual riesgo de desfinanciamiento del sistema? La respuesta es afirmativa. Dado que la seguridad social es un derecho constitucional, el Estado está obligado a intervenir de manera activa para evitar que el sistema entre en crisis financiera. Esto podría implicar la implementación de medidas correctivas, la inyección de recursos adicionales o la reformulación de políticas para asegurar la sostenibilidad a largo plazo del sistema. De lo contrario, el Estado estaría fallando en su deber como garante de la seguridad social, poniendo en riesgo los derechos de los afiliados y la estabilidad del sistema.

POLÍTICAS LABORALES Y EMPRESARIALES

El Estado debe impulsar políticas laborales y empresariales que promuevan la creación de empleos formales y dignos, garantizando así los aportes al sistema de protección social. Estas políticas deben estar alineadas con los objetivos de sostenibilidad y equidad del sistema, buscando siempre la inclusión y el bienestar de todos los trabajadores.

Tradicionalmente, la formalidad se ha entendido como la existencia de vínculos laborales regidos por contratos de trabajo, lo cual garantiza el acceso a la seguridad social. Sin embargo, en el contexto actual, esta concepción de formalidad puede resultar insuficiente e incluso anacrónica, especialmente cuando se enfrenta a las nuevas dinámicas del mercado laboral, caracterizadas por la flexibilidad y el uso de nuevas tecnología.

Es necesario ampliar la visión de lo que constituye un empleo formal y digno, considerando no solo la existencia de contratos laborales tradicionales, sino también otros tipos de ocupaciones que, aunque no encajen perfectamente en la normativa laboral vigente, deben garantizar acceso a la seguridad social. Esto incluye trabajos en la economía digital, empleos por cuenta propia o bajo esquemas de trabajo flexible que han emergido con fuerza en los últimos años. Al velar por que estos trabajadores también estén cubiertos por el sistema de protección social, el Estado no solo actúa en coherencia con el principio de equidad, sino que también asegura la sostenibilidad del sistema en un entorno laboral que está en constante evolución. Este enfoque inclusivo es esencial para adaptarse a los cambios en el mercado laboral y garantizar que todos los trabajadores, independientemente de la forma de su empleo, tengan acceso a la protección social que necesitan.

SUPERACIÓN DE DESIGUALDADES ENTRE CAMPO Y CIUDAD

Finalmente, el Estado tiene la responsabilidad de promover la superación efectiva de las desigualdades en el acceso a la seguridad social entre el campo y la ciudad. Este compromiso exige la implementación de políticas que garanticen la equidad territorial y el acceso universal a los beneficios del sistema de protección social. La brecha entre campo y ciudad se hace evidente cuando se observa que la informalidad y la falta de cotización a pensiones alcanzan niveles alarmantes en las zonas rurales, con cifras que superan el 80 %. Esta situación refleja una profunda inequidad que limita el acceso de los trabajadores rurales a los beneficios de seguridad social.

Para abordar esta problemática, es fundamental que el Estado adopte medidas adaptadas a las realidades de los trabajadores rurales. Una de estas medidas es la posibilidad que incluye la Ley 2381 de cotizar por semanas, lo que permite a los trabajadores en el campo, cuya actividad económica puede ser estacional o irregular, contribuir al sistema de manera más flexible y acorde con sus ingresos. Además, la ley contempla que las personas que desarrollan una actividad económica principal en áreas rurales o centros poblados, cuyos ingresos sean estacionales, podrán realizar la cotización de hasta 12 meses hacia el futuro en un mi.smo año calendario, en un solo pago, sobre el ingreso base del año en que se realiza el aporte. En todo caso, el Gobierno Nacional deberá reglamentar las condiciones operativas de esta medida. Estas disposiciones no solo son coherentes con el principio de equidad, sino que también facilitan la inclusión de una población históricamente marginada del sistema de protección social.

PREGUNTAS PRÁCTICAS

¿Cuál es la diferencia entre los recursos parafiscales del Sistema de Protección Social Integral para la Vejez y los recursos de propiedad de los afiliados en las cuentas de ahorro individual?

Los recursos parafiscales son fondos de carácter público destinados a financiar el Sistema de Protección Social Integral para la Vejez, Invalidez y Muerte, con un uso específico y obligatorio, que no pueden ser desviados para otros fines. Por otro lado, los recursos de las cuentas de ahorro individual en el Pilar Contributivo tienen una naturaleza dual: son considerados propiedad de los afiliados, pero no se trata de una propiedad normal. Estos recursos tienen una destinación específica para garantizar la pensión del afiliado, lo que significa que no pueden ser utilizados libremente por los afiliados para cualquier propósito. Están sujetos a las normativas del sistema y su uso está estrictamente limitado a la provisión de la pensión.

¿Qué medidas ha implementado el sistema para garantizar la protección social en el campo, particularmente en relación con la cotización por semanas para trabajadores dependientes e independientes a tiempo parcial, y para aquellos que realizan actividades estacionales?

El sistema ha implementado medidas específicas para garantizar que los trabajadores del campo, especialmente aquellos que trabajan a tiempo parcial o realizan actividades estacionales, puedan acceder a la protección social. Para los trabajadores dependientes e independientes que ganan menos del salario mínimo y trabajan a tiempo parcial, se ha establecido un esquema de cotización por semanas. Esto les permite cotizar proporcionalmente a sus ingresos, asegurando que, aunque sus ingresos sean bajos, puedan acumular semanas de cotización que cuenten para su pensión. Asimismo, para quienes realizan actividades estacionales, se ha diseñado un esquema que les permite cotizar durante los periodos en que generan ingresos, ajustando las cotizaciones de acuerdo a su capacidad económica, y garantizando que no queden excluidos del sistema por la naturaleza temporal de su trabajo.

PILARES

Pilar Solidario

El pilar solidario se encuentra en el artículo 3 y 17 de la reforma pensional es una de las cuatro estructuras del nuevo sistema de Protección Social para la vejez, invalidez y muerte de origen común. De manera preliminar podemos decir que su finalidad es garantizar una renta básica solidaria que cubra las necesidades mínimas de subsistencia de los adultos mayores pobres en situación de extrema pobreza y vulnerabilidad. Su Intención es que aquellos que no tienen acceso a una pensión contributiva puedan disfrutar de una vida digna durante su vejez.

El pilar solidario se financia a través de recursos del Presupuesto General de la Nación y de la Subcuenta de Subsistencia del Fondo de Solidaridad Pensional y sus recursos serán administrados por el Departamento Administrativo de Prosperidad Social.

BENEFICIARIOS Y REQUISITOS PARA OBTENER LA RENTA BÁSICA DEL PILAR SOLIDARIO

De acuerdo con el artículo 17 de la Ley 2381 de 2024, los beneficiarios y requisitos son:

Tabla 2. Beneficiarios y requisitos pilar solidarios

Grupo de Beneficiarios	Requisitos	Comentarios
Personas Mayores en Situación de Vulnerabilidad	• Ser ciudadano(a) colombiano(a). • Residencia en Colombia por al menos 10 años. • No tener pensión. • Hombres: Tener mínimo 65 años. • Mujeres: Tener mínimo 60 años. • Integrar el grupo de pobreza extrema, pobreza y vulnerabilidad, Gobierno Nacional • Integrar el grupo de pobreza extrema, pobreza y vulnerabilidad.	Se aplican los requisitos generales para ser beneficiario de la Renta Básica Solidaria.

Personas con Discapacidad	• Ser ciudadano(a) colombiano(a). • Residencia en Colombia por al menos 10 años. • No tener pensión. • Hombres mayores de 55 años con discapacidad, • Mujeres mayores de 50 años con discapacidad y una pérdida de capacidad laboral igual o superior al 50%. • Integrar el grupo de pobreza extrema, pobreza y vulnerabilidad.	Se aplican las reglas generales, adicionalmente, la pérdida de capacidad laboral. Si bien, la norma no exige para los hombres una pérdida de capacidad laboral, seguramente esto se debió a una omisión no intencional por parte del legislador, en todo caso, por principio de igualdad consideramos que también se debe exigir para los hombres una pérdida de capacidad laboral igual o superior al 50%. Interpretación contraria, implicaría otorgar un tratamiento más favorable a los hombres, pues solo se les exige una discapacidad sin un porcentaje en específico.
Pueblos Indígenas y Comunidades Afrocolombianas	• Ser ciudadano(a) colombiano(a). • Residencia en Colombia por al menos 10 años. • No tener pensión. • Pertenecer a las comunidades indígenas, negras, afrocolombianas, raizales y palenqueras registradas en el Ministerio del Interior. • La edad y métodos de inclusión serán reglamentados en concertación con estas comunidades. • Registro en un censo que le da acceso al beneficio.	Frente a este grupo de beneficiarios, consideramos que se aplican los requisitos generales, a excepción de la edad, toda vez que, la norma indica que la edad será concertada con dichas comunidades. Seguramente dicha disposición responde a estadísticas que indican que, estas comunidades tienen una probabilidad de vida menor en Colombia.
Comunidades Campesinas	• Ser ciudadano(a) colombiano(a). • Residencia en Colombia por al menos 10 años. • No tener pensión. • Hombres: Tener mínimo 65 años. • Mujeres: Tener mínimo 60 años. • Integrar el grupo de pobreza extrema, pobreza y vulnerabilidad, Gobierno Nacional • Pertenecer al Registro Administrativo de Campesinado creado por el Ministerio del Interior y el Ministerio de Agricultura y Desarrollo Rural, con el DANE.	Frente a este grupo de beneficiarios, consideramos que se aplican los requisitos generales, sin que la norma indique alguna excepción, por la tanto, vemos que en la práctica no tiene ventaja alguna pertenecer a una comunidad campesina frente a los requisitos para acceder a Renta Básica Solidaria No obstante, la norma indica que los métodos de inclusión se reglamentarán por el Gobierno Nacional en concertación con esas comunidades. Es decir, tal vez el procedimiento para acceder al beneficio pueda llegar a ser más favorable.

Personas Cuidadoras de Personas con Discapacidad	• No tener pensión • No tener recursos propios. • No cumplir con los requisitos para acceder a los demás pilares. • Acreditar el requisito de edad y de focalización del pilar solidario. • Encontrarse en el sistema de Registro de cuidadores que debe realizar el Ministerio de Salud y Protección Social. • ser residente en Colombia o colombiano(a) domiciliado(a) en el exterior.	La norma establece únicamente estos requisitos, dejando de lado otros como la ciudadanía colombiana y la residencia en Colombia por al menos 10 años. Sin embargo, se aplicará la norma general del campo de aplicación de la Ley 2381 de 2024, que en su artículo 2 establece que se aplica a los residentes en Colombia y a los colombianos domiciliados en el exterior. Es importante destacar que, según esta norma, las personas cuidadoras de personas con discapacidad no podrán participar de manera concurrente en el pilar semicontributivo, a diferencia de otros beneficiarios. Esto se debe a que, como se indica en los requisitos, no deben cumplir con las condiciones para acceder a los demás pilares, lo que constituye una restricción sin justificación.

Fuente: Ley 2381 de 2024. Elaboración Propia: Juliana Morad y Fabio Alejandro Gómez

¿A CUÁNTO EQUIVALE LA RENTA BÁSICA DEL PILAR SOLIDARIO?

La Ley 2381 de 2024 establece que la Renta Básica Solidaria del Pilar Solidario será, como mínimo, equivalente a la línea de pobreza extrema certificada para el año 2023, incrementada por la variación del Índice de Precios al Consumidor (IPC) certificada por el DANE para el año 2024. A partir del 2026, este valor se actualizará anualmente de acuerdo con la variación del IPC del año anterior.

Así mismo, se indica que el Gobierno actualizará la referencia que se toma para determinar la línea de pobreza de acuerdo con la periodicidad que se establezca y que se podrá mejorar el valor y la cobertura de la Renta Básica Solidaria dependerá de varios factores, incluyendo el crecimiento económico y la sostenibilidad de las finanzas públicas, siempre en línea con el Marco Fiscal de Mediano Plazo y el Marco de Gasto de Mediano Plazo.

CARACTERÍSTICAS DEL BENEFICIO DE LA RENTA BÁSICA SOLIDARIA

- **No constituye pensión:** La Renta Básica Solidaria no es una pensión, es decir que al no tener su naturaleza no tienes las características como los son, posibilidad de ser sustituida, o de ser heredable, entre otras. Sin embargo, es inembargable, por expresa disposición normativa que se encuentra en el artículo 81 la reforma pensional, salvo embargos por pensiones alimenticias y créditos a favor de las cooperativas.
- **No es vitalicia** en el sentido de que la ley no lo establece y se entiende que la renta se mantendrá mientras se cumplan con los requisitos establecidos, como, por ejemplo, el de permanecer a los grupos focalizados que establezca el Gobierno, es decir es una renta condicionada.
- **No exime de la obligación de alimentos por parte de los hijos:** Los beneficios no eximen a los hijos de su obligación de alimentos hacia sus padres adultos mayores.
- **Su valor se actualiza cada año:** El valor de la Renta Básica Solidaria se actualizará anualmente según el IPC.
- **No es compatible con el Programa Colombia Mayor:** lo que implica que, el Programa Colombia Mayor no desaparece, lo que ocurre, es que cuando la persona no cumple los requisitos del Programa podría acceder al pilar solidario y viceversa,si cumple con los requisitos para ello.

TRÁMITE PARA OBTENER EL BENEFICIO

El trámite de vinculación se realizará ante el Ministerio del Trabajo, de conformidad con la reglamentación que se expida para el efecto, por lo tanto, dicha entidad tendrá que expedir esta reglamentación antes del 1 de julio de 2025, fecha en la cual empieza la vigencia de Ley 2381 de 2024 y consecuentemente el Pilar Solidario.

Pilar semicontributivo

El Pilar Semicontributivo del Sistema de Protección Social Integral para la Vejez, Invalidez y Muerte se encuentran establecidos en el artículo 3 y 18 de la reforma pensional, el cual está diseñado para aquellas personas que han contribuido al sistema, pero no han alcanzado los requisitos necesarios para obtener una pensión contributiva. Este pilar busca garantizar un beneficio económico que consiste en una renta vitalicia, asegurando un ingreso mínimo para aquellos que, a pesar de haber contribuido, no cumplen con los requisitos completos para una pensión. Dentro de los beneficiarios de este pilar también están las personas que se encuentran en el programa de los Beneficios Económicos Periódicos BEPS.

El pilar semicontributivo se financia con recursos del Presupuesto General de la Nación, así como, con los aportes propios de los beneficiarios como cotizaciones realizadas al sistema y los saldos en sus cuentas individuales de ahorro, incluyendo los aportes en BEPS

BENEFICIARIOS Y REQUISITOS DEL PILAR SEMICONTRIBUTIVO

Vamos a encontrar dos grupos de beneficiarios, cada grupo tendrá se le otorgara una renta vitalicia que se diferencian en su forma de cálculo.

Grupo A: Elegibles en el pilar solidario

Requisitos

- **Edad:** Hombres mayores de 65 años y mujeres mayores de 60 años.
- **Semanas Cotizadas:** Entre 300 y menos de 1000 semanas.
- **Elegibilidad:** Son elegibles para el Pilar Solidario.

Beneficio

Renta Vitalicia: En el caso de los beneficiarios que hemos denominado Grupo A, la renta vitalicia se determina con base en los siguientes componentes.

1. **Componente de Prima Media:** El valor de las cotizaciones traído a valor presente con la inflación del Índice de Precios al Consumidor (IPC).
2. **Componente Complementario de Ahorro Individual:** El saldo de la cuenta de ahorro individual.

Beneficio Adicional

- **Beneficio del Pilar Solidario:** Además de la renta vitalicia, estos beneficiarios recibirán las prestaciones otorgadas por el Pilar Solidario, lo que incluye una renta básica solidaria para amparar y complementar las condiciones mínimas de subsistencia.
- **Posibilidad de acumular aportes BEPS:** Estos aportes se pueden incluir dentro de la renta vitalicia. Los aportes se deben traen a valor presente con la inflación del IPC y se les otorga un subsidio mínimo del 30 % o lo que establezca la normativa vigente, también pueden ser devueltos en su totalidad si se cumplen los requisitos de ley para ello.

Grupo B: No Elegibles para el Pilar Solidario

Requisitos

- **Edad:** Hombres mayores de 65 años y mujeres mayores de 60 años.
- **Semanas Cotizadas:** Entre 300 y menos de 1000 semanas.
- **Elegibilidad:** No son elegibles para el Pilar Solidario.

Beneficio

Renta Vitalicia: En el caso de los beneficiarios que hemos denominado Grupo B, la renta vitalicia se determina con base en los siguientes componentes.

1. **Componente de Prima Media:** El valor de las cotizaciones traído a valor presente con la inflación del IPC, incrementado en un 3 % efectivo anual y un subsidio adicional del 20 % para hombres y 30 % para mujeres del saldo restante.
2. **Componente Complementario de Ahorro Individual:** El saldo de la cuenta de ahorro individual, incluyendo bonos pensionales si aplica.

Beneficios Adicionales

- **Posibilidad de acumular aportes BEPS.** Estos aportes se pueden incluir dentro de la renta vitalicia. Los aportes se deben traen a valor presente con la inflación del IPC y se les otorga un subsidio mínimo del 30 % o lo que establezca la normativa vigente, también pueden ser devueltos en su totalidad si se cumplen los requisitos de ley para ello.

Características de la renta vitalicia

- **No es una pensión:** como su nombre lo indica, es una renta vitalicia que se otorga por un valor inferior a un salario mínimo legal vigente (SMLMV).
- **Vitalicia:** Es decir, la renta será pagada hasta el fallecimiento del beneficiario.
- **Monto máximo:**80 por ciento de un salario mínimo legal mensual vigente
- **No sustituible:** Es decir, en caso de muerte del titular de la renta vitalicia no puede sustituirse a favor de un tercero.
- **No heredable:** la ley expresamente indica que no se puede heredar en caso de muerte del titular de la renta vitalicia.
- **Asesoría y verificación previa:** Es decir, para que se reconozca el beneficio de la renta vitalicia del pilar semicontributivo, el beneficiario debe recibir una asesoría en donde se verifique que no existan otras posibilidades en materia de equivalencias que trata de la Ley y/o que no tenga lo opción de tener una pensión familiar.
- **Inembargable:** Por expresa disposición normativa que se encuentra en el Artículo 81 de la reforma pensional, salvo embargos por pensiones alimenticias y créditos a favor de las cooperativas.

Trámites para su reconocimiento

Los trámites administrativos se realizan en la Administradora Colombiana de Pensiones – Colpensiones, conforme a la reglamentación que se expida para ello.

CUESTIONES ADICIONALES

Cambio en el número de semanas para los hombres 1 de enero de 2036

Desde el 1 de enero de 2036, el número de semanas cotizadas necesarias para ser considerado beneficiario del pilar semicontributivo para los hombres se aumentará a 1300. Es decir, a partir de esa fecha, para ser beneficiario de la renta vitalicia de este pilar, será necesario contar con entre 300 y 1300 semanas cotizadas.

Este aumento a 1300 semanas se debe a que, en esa misma fecha, se eliminará la posibilidad de obtener una pensión anticipada, la cual actualmente se puede solicitar al cumplir con la edad mínima de pensión y 1000 semanas cotizadas. Para las mujeres, no se realizará este ajuste; de hecho, el número de semanas cotizadas para ellas se reducirá a 1000.

En consecuencia, si no se ajusta el número de semanas para los hombres, aquellos que tengan entre 1001 y 1299 semanas cotizadas podrían quedar sin la posibilidad de recibir algún ingreso, ya sea a través de la renta vitalicia o de una pensión dentro de los diferentes pilares, a pesar de haber alcanzado la edad mínima de pensión. Además, se les impediría optar por la devolución de saldos o una indemnización sustitutiva, ya que para estas opciones el máximo permitido es de 299 semanas cotizadas.

Pilar contributivo

El Pilar Contributivo es un eje central del nuevo sistema de pensiones en Colombia, diseñado para trabajadores dependientes, independientes, servidores públicos y cualquier persona con la capacidad de efectuar cotizaciones al sistema. Su objetivo es permitir a los afiliados acceder a una pensión integral de vejez, invalidez o sobrevivientes, así como a las demás prestaciones establecidas por la ley. Ahora el Régimen de prima media y el de ahorro individual no compiten, sino que se complementan.

COMPONENTES

Componente prima media

En este componente se encuentran todos los afiliados del pilar contributivo y recibirá las cotizaciones entre 1 salario mínimo legal vigente (SMLMV) y 2.3 salario mínimo legal vigente (SMLMV).

El límite de las cotizaciones que recibe el componente de prima media fue un importante tema de debate. Por un lado, se argumentaba que un límite de cotización muy alto implicaría un subsidio considerable a las pensiones, una práctica que la reforma buscaba eliminar para reducir los subsidios a las pensiones altas. Además, se consideraba que, dado que la mayoría de las personas tienen ingresos y cotizan entre 1 y 3 salario mínimo legal vigente (SMLMV) (Observatorio Laboral y Observatorio Fiscal de la Pontificia Universidad Javeriana, 2024), por lo tanto, si el límite de cotización en el componente de prima media se estableciera muy alto, los fondos privados de ahorro individual manejarían menos dinero, lo cual podría afectar negativamente la inversión en el país. Por otro lado, se pensaba que establecer un límite muy bajo podría resultar en una pérdida adquisitiva significativa para las personas al pensionarse, ya que el monto total de la pensión, sumando ambos componentes, podría ser insuficiente para mantener un nivel de vida adecuado.

Componente de Ahorro Individual

Solo estarán en el componente complementario de ahorro individual los afiliados que realicen cotizaciones mayores a 2.3 y hasta 25 salario mínimo legal vigente (SMLMV), complementando así el componente de prima media.

Este cambio representa una transformación fundamental en comparación con lo establecido en la Ley 100 de 1993. Anteriormente, los regímenes de Prima Media y Ahorro Individual competían entre sí, pero ahora se complementan.

La competencia entre ambos regímenes implicaba que personas en circunstancias similares de edad y número de semanas cotizadas tuvieran montos pensionales significativamente diferentes. Con esta reforma, todas las personas estarán sujetas a reglas similares y sus pensiones serán liquidadas de manera más homogénea.

En este componente, de los ahorros que tengan los afiliados por encima a los 2.3 salarios mínimos legales vigentes (SMLV), al momento de cumplir con los requisitos para causar la pensión integral, dichos ahorros constituirán una renta vitalicia, que será el complemento de lo que corresponda en la liquidación del Componente de Ahorro Individual. Es importante mencionar que, la única modalidad que subiste es renta vitalicia, y ano es existe el retiro programado, conforme al Artículo 33 y literal O del Artículo 19.

Cabe señalar que este cambio no afecta a aquellos que pertenecen a los regímenes exceptuados, los cuales continuarán sin modificaciones.

Fondos Generacionales

En el componente de Ahorro Individual, las administradoras ofrecerán diferentes fondos generacionales, los cuales serán reglamentados por el Gobierno Nacional.

La reforma nos dice que las cuentas individuales estarán adecuadamente conformadas y gestionadas de manera eficiente y que las administradoras deben invertir los recursos con el objetivo de maximizar la mesada pensional, asumiendo un nivel de riesgo adecuado que disminuirá gradualmente a medida que los afiliados se acerquen a la edad de jubilación. Todo esto estará sujeto a la reglamentación emitida por el Gobierno Nacional.

Traslados

Frente a los traslados de los afiliados, se establece que pueden trasladarse entre entidades administradoras de ahorro individual cada seis (6) meses y entre los fondos de pensiones gestionados por ellas.

Características del ahorro individual

Las cuentas individuales de ahorro pensional constituyen un patrimonio autónomo propiedad de los afiliados, denominado Fondo de Pensiones. Los recursos de dicho patrimonio autónomo estarán invertidos en Fondos de Pensiones cuyas condiciones y características serán determinadas por el Gobierno Nacional.

De acuerdo con la reforma, las entidades administradoras deben garantizar una rentabilidad mínima del Fondo de Pensiones y el Estado garantiza los ahorros y el pago del Componente Complementario de Ahorro Individual en caso de incumplimiento por parte de las entidades administradoras.

Como se mencionó anteriormente, los ahorros de las personas en este componente se destinarán exclusivamente a la constitución de una renta vitalicia. Esto significa que ya no habrá otras modalidades, como el retiro programado. En consecuencia, en caso de fallecimiento del pensionado, dichos ahorros no formarán parte de la masa sucesoral, ya que únicamente se utilizarán para la creación de una renta vitalicia.

Incorporación de bono pensional

Se crea un bono pensional, el cual será otorgado a los afiliados que hayan realizado aportes o cotizaciones al régimen de Prima con Prestación Definida antes de la entrada en vigencia de la presente ley, siempre que dichos aportes sean mayores a dos punto tres (2.3) salarios mínimos legales mensuales vigentes. Este derecho se extiende a quienes hayan cotizado a cajas, fondos o entidades del sector público, así como a aquellos que hayan prestado servicios como servidores públicos o trabajado en empresas responsables exclusivamente de las pensiones de sus trabajadores y que trasladen la parte proporcional del cálculo actuarial correspondiente.

El bono o título pensional será entregado al afiliado(a) en el momento en que solicite el reconocimiento de la pensión, y su valor será destinado al Componente Complementario de Ahorro Individual. Sin embargo, se establece que en el caso de las pensiones de invalidez y de sobrevivientes, la aseguradora no podrá hacer uso del bono pensional ni de los aportes o rendimientos que tengan los afiliados en el Componente Complementario de Ahorro Individual.

Manejo de Cuentas de Ahorro Individual al Inicio de la Reforma

Los montos acumulados en las cuentas de ahorro individual que, al entrar en vigencia esta ley, estén bajo la administración de las Administradoras del Régimen de Ahorro Individual con Solidaridad, seguirán siendo gestionados por dichas Administradoras hasta que se reconozca la pensión integral de vejez. En ese momento, las cotizaciones y sus rendimientos, hasta un límite de dos punto tres (2.3) salarios mínimos legales mensuales vigentes (salario mínimo legal vigente (SMLMV)), serán transferidos al Componente de Prima Media, administrado por COLPENSIONES. El valor que supere dicho límite permanecerá en el Componente Complementario de Ahorro Individual, donde se utilizará para constituir una renta vitalicia que formará parte de la pensión integral.

Por otro lado, se establece que en el caso de las pensiones de invalidez y de sobrevivientes, la aseguradora no podrá hacer uso del bono pensional ni de los aportes o rendimientos que tengan los afiliados en el Componente de Ahorro Individual, aunque no es claro que si se refiere a estos ahorros que se tengan al momento del inicio de la reforma o de los que seguirá cotizando en el componente de ahorro individual.

Beneficio

Estará conformada por una única pensión reconocida denominada pensión integral de vejez, la cual es pagada en el Componente de Prima Media (administrado por Colpensiones) y el valor de la prestación determinada en el Componente Complementario de Ahorro Individual administrado por los Fondos de Ahorro Individual

Trámites para su reconocimiento

Las entidades administradoras deberán reconocer la totalidad de la pensión integral de vejez en un plazo no superior a cuatro (4) meses tras la solicitud. Una vez reconocida la pensión, las administradoras tendrán un plazo máximo de sesenta (60) días calendario para la inclusión en nómina.

Es decir, ahí un cambio importante frente a lo establecido en la Ley 100 de 1993, en donde solo se establecía un plazo no superior de 4 meses, ahora se suman 2 meses después del reconocimiento para la inclusión en nómina.

Así mismo, se deja claro que no se otorgará un beneficio en el Componente Complementario de Ahorro Individual sin cumplir con los requisitos de edad y semanas cotizadas del Componente de Prima Media.

En caso de que no se cumplan las semanas mínimas en el Componente de Prima Media, se podrá usar un sistema actuarial de equivalencias para acreditar semanas adicionales. Según la reforma, este sistema deberá ser reglamentado por el Gobierno Nacional dentro de seis (6) meses a partir de la expedición de la ley.

Pilar de Ahorro Voluntario

El Pilar de Ahorro Voluntario está destinado a aquellas personas que desean complementar el monto de su pensión integral de vejez mediante ahorros adicionales realizados a través de los mecanismos disponibles en el sistema financiero, conforme al régimen establecido por la Ley. Este pilar tiene la particularidad de no estar sujeto a los principios y disposiciones generales de la reforma pensional; sin embargo, los aportes voluntarios se les aplica la misma protección que a las cuentas de ahorros frente a la inembargabilidad y están exentos del impuesto de patrimonio.

El Pilar de Ahorro **Voluntario** aún está a la espera de una ley que establezca su régimen específico, de manera que el sistema financiero pueda desarrollar productos adecuados para estos ahorros. No obstante, no se ha establecido ni proyectado un plazo para la presentación de dicha ley.

Según la norma, el Gobierno Nacional tendrá la responsabilidad de reglamentar un sistema de equivalencias que permita que los recursos acumulados en este pilar puedan utilizarse para completar los requisitos mínimos de semanas necesarios para acceder a una pensión integral de vejez en el Pilar Contributivo. Además, el Gobierno podrá desarrollar nuevos mecanismos para facilitar que los afiliados alcancen los requisitos mínimos de semanas requeridos para obtener su pensión.

En cuanto a la promoción del ahorro voluntario, el Gobierno, en coordinación con el Ministerio de Tecnologías de la Información y las Comunicaciones, según la norma debe impulsar la difusión continua de material audiovisual para fomentar la cultura del ahorro y la importancia del ahorro voluntario para la vejez. Para este propósito, se podrán utilizar o contratar espacios en medios de comunicación privados, además de los del Sistema de Medios Públicos.

Finalmente, se busca que el el Ministerio del Trabajo y las diferentes autoridades se coordinen para armonizar la inclusión de las rutas de ahorro voluntario dentro de las políticas públicas dirigidas a combatir la informalidad y que también sea posible que sea utilizado por los extranjeros.

COTIZACIÓN

Cotización General

En el marco del Sistema de Protección Social Integral para la Vejez, las cotizaciones juegan un rol crucial en la sostenibilidad financiera del sistema y en la provisión de beneficios para los trabajadores. La obligación de cotizar recae tanto en empleadores como en trabajadores, así como en independientes y rentistas de capital. Este capítulo analiza en detalle la obligatoriedad, el monto de las cotizaciones, y las responsabilidades asociadas a su pago dentro del Pilar Contributivo.

En el marco del Sistema de Protección Social Integral para la Vejez, las cotizaciones juegan un rol crucial en la sostenibilidad financiera del sistema y en la provisión de beneficios para los trabajadores. La obligación de cotizar recae tanto en empleadores como en trabajadores, así como en independientes y rentistas de capital. Este capítulo analiza en detalle la obligatoriedad, el monto de las cotizaciones, y las responsabilidades asociadas a su pago dentro del Pilar Contributivo.

MONTO DE LAS COTIZACIONES

Las cotizaciones son obligatorias para todo aquel que devengue como mínimo 1 salario mínimo legal vigente (SMLMV) y hasta 25 salario mínimo legal vigente (SMLMV), el Pilar Contributivo establece que la cotización será del 16% del Ingreso Base de Cotización (IBC). Este porcentaje se distribuye de la siguiente manera: el empleador asume el 75% de la cotización total, mientras que el trabajador asume el 25% restante. Esta distribución busca equilibrar la carga financiera entre empleadores y empleados, garantizando a su vez una contribución significativa de parte de cada uno para el mantenimiento del sistema. Es importante resaltar que, se mantienen el porcentaje y la distribución de cotizaciones que se encontraban establecidas en la Ley 100 de 1993.

Adicionalmente, se prevén aportes adicionales destinados al Fondo de Solidaridad Pensional para aquellos trabajadores cuyo IBC sea igual o superior a cuatro salarios mínimos legales mensuales vigentes (salario mínimo legal vigente (SMLMV)). Estos aportes adicionales varían según el nivel de ingresos, incrementándose progresivamente conforme aumenta el IBC del trabajador, como se muestra a continuación:

Tabla 3.

Ingreso Base de Cotización (IBC)	Porcentaje Adicional de Aporte
4 a 7 salario mínimo legal vigente (SMLMV)	1.5%
7 a 11 salario mínimo legal vigente (SMLMV)	1.8%
11 a 19 salario mínimo legal vigente (SMLMV)	2.5%
Superior a 19 salario mínimo legal vigente (SMLMV)	2.8% a 3%

Fuente: Ley 2381 de 2024. Elaboración Propia: Juliana Morad y Fabio Alejandro Gómez

Este esquema de aportes adicionales tiene como objetivo fortalecer la solidaridad dentro del sistema, redistribuyendo recursos hacia aquellos segmentos de la población con menores ingresos y mayores necesidades.

RESPONSABILIDAD EN EL PAGO DE LAS COTIZACIONES

La responsabilidad por el pago de las cotizaciones recae en varias partes, dependiendo de la naturaleza de la relación laboral o contractual:

- **Empleadores:** los empleadores deben realizar la cotización que les corresponde según la Ley, esto es, el 12% del salario del trabajador y adicionalmente, debe retener y pagar la parte o el porcentaje que le corresponde al trabajador del 4% y el porcentaje adicional de aporte según el IBC del trabajador.
- **Contratantes:** los contratantes de prestación de servicios deben retener el valor de las cotizaciones de sus contratistas y realizar el pago, esto implica un cambio fundamental, ya que antes de esta reforma era el contratista o independiente quien realizaba el aporta a seguridad social en salud. Como se indicó anteriormente, según la norma esta obligación solo la tendrían los contantes de contratos de prestación de servicios.
- **Trabajadores Independientes:** Los trabajadores independientes son responsables de sus propios aportes. Pueden realizar estos pagos directamente o a través de agremiaciones o asociaciones autorizadas. Es importante destacar que la realización de aportes por parte de terceros no implica, por sí sola, la existencia de una relación laboral,

lo cual protege la autonomía del trabajador independiente. Como se indicó anteriormente, la obligación de retener honorarios recae para contratantes de prestación de servicios, por lo que, se entendería que, para el caso de los independientes, se refiere a aquellos que no tengan un contrato de prestación de servicios quienes pagan directamente su seguridad social en pensiones.

- **Rentistas de capital:** La reforma pensional establece de manera explícita que los rentistas de capital son afiliados y cotizantes obligatorios al sistema de seguridad social. Un rentista de capital es una persona que obtiene ingresos a partir de sus inversiones, sin que estas requieran su trabajo directo. Ejemplos de rentistas de capital incluyen propietarios de inmuebles en arriendo, inversionistas en títulos valores, accionistas de empresas, dueños de derechos de propiedad intelectual y beneficiarios de fideicomisos o patrimonios autónomos, entre otros.

  Estos rentistas, aunque no desempeñen una labor productiva directa, están obligados a cotizar al sistema de seguridad social sobre la base de los ingresos que perciben de sus inversiones. La obligación de cotización se extiende a todos los ingresos que cumplan con la definición de rentas de capital según las normas tributarias y de seguridad social aplicables.

Los intereses moratorios aplicables en caso de no realizarse las cotizaciones dentro de los plazos estipulados son equivalentes a los que rigen para el impuesto sobre la renta y complementarios. Estos intereses se abonan al fondo de reparto del Componente de Prima Media o a la cuenta individual del Componente Complementario de Ahorro Individual, según corresponda.

Finalmente, las consecuencias por no realizar las cotizaciones conforme la ley, consiste en que la UGPP puede iniciar los procedimientos de determinación y cobro por motivo de incumplimiento de las obligaciones, ya sea de los empleadores, contratantes y contratistas.

INGRESO BASE DE COTIZACIÓN

El Ingreso Base de Cotización (IBC) es un elemento clave para determinar el monto de las cotizaciones en el Sistema de Protección Social Integral. Este subcapítulo detalla cómo se define y calcula el IBC para diferentes tipos de trabajadores:

TRABAJADORES DEPENDIENTES

El IBC se basa en el salario mensual del trabajador, es decir, todo aquello que retribuya el salario del trabajador. En el caso de aquellos con salario integral, la cotización se calcula sobre el 70 % de dicho salario. Cuando un trabajador recibe ingresos de múltiples empleadores, las cotizaciones se realizan de manera proporcional a los ingresos obtenidos de cada uno, acumulando estos hasta alcanzar el tope máximo de cotización.

TRABAJADORES INDEPENDIENTES

Los trabajadores independientes que tienen ingresos netos mensuales iguales o superiores a un salario mínimo legal mensual vigente (salario mínimo legal vigente (SMLMV)) deben cotizar al sistema de seguridad social y se cotizará mes vencido, es decir, al mes siguiente de la realización de la actividad, sin embargo, la norma establece dos tipos de trabajadores independientes, para efectos de establecer el ingreso de cotización.

Trabajadores Independientes por Cuenta Propia y con Contratos Diferentes a Prestación de Servicios Personales

La base mínima de cotización será el 40 % del valor mensual de los ingresos, dependiendo de si están obligados a llevar contabilidad:

- Con contabilidad: Se cotiza sobre los ingresos causados, es decir, los ingresos generados según los libros contables, sin incluir el IVA.
- Sin contabilidad: Se cotiza sobre los ingresos efectivamente percibidos, también sin incluir el IVA.

Aquellos que no están obligados a llevar contabilidad pueden optar por hacerlo. Si deciden llevar contabilidad adecuadamente, podrán elegir entre cotizar sobre el valor causado o el efectivamente percibido. Además, podrán deducir costos y deducciones según lo estipulado en el artículo 107 del Estatuto Tributario, siempre que estos no excedan los valores de la declaración de renta correspondiente.

Trabajadores Independientes con Contratos de Prestación de Servicios Personales

Estos trabajadores cotizarán mes vencido sobre una base mínima del 40 % del valor mensualizado del contrato, sin incluir el IVA.

Para todos los trabajadores independientes pueden acogerse al artículo 89 de la Ley 2277 de 2022, es decir, a que se aplique el esquema de presunción de costos de la UGPP, siempre y cuando cuenten con los documentos que soporten los costos y deducciones, cumpliendo con los requisitos establecidos en el artículo 107 del Estatuto Tributario

COTIZACIÓN PARA TRABAJADORES CON INGRESOS ESTACIONALES EN ÁREAS RURALES

La reforma pensional introduce un mecanismo de cotización flexible para las personas que desarrollan su actividad económica principal en áreas rurales, centros municipales o centros poblados y cuyos ingresos sean estacionales. Estos trabajadores tendrán la posibilidad de realizar la cotización de hasta 12 meses hacia el futuro en un mismo año calendario, en un solo pago, tomando como base el ingreso del año en que se realiza dicho aporte. Este mecanismo busca facilitar la afiliación y cotización de trabajadores cuyos ingresos no son constantes a lo largo del año, adaptando el sistema a sus necesidades específicas y previendo que en muchas ocasiones para estos trabajadores resulta difícil realizar las cotizaciones mensuales por falta de infraestructura y conectividad.

En todo caso, la norma establece que el Gobierno Nacional se encargará de reglamentar las condiciones operativas para la implementación de esta modalidad de cotización.

APORTES AL PILAR CONTRIBUTIVO PARA MUJERES CON INGRESOS INFERIORES AL SALARIO MÍNIMO

La reforma pensional establece una medida específica para apoyar a las mujeres con ingresos inferiores a un salario mínimo legal mensual vigente, que no cuenten con una vinculación laboral o contractual y que estén afiliadas al sistema de salud, ya sea como beneficiarias o en el régimen subsidiado. Estas mujeres podrán realizar sus aportes al pilar contributivo sobre la base de un salario mínimo legal mensual vigente. Dicho aporte será pagado a través de un tercero, sin la necesidad de realizar el aporte obligatorio en salud, facilitando así su acceso y permanencia en el sistema pensional, incluso en situaciones de vulnerabilidad económica.

Sin embargo, la norma no especifica cómo se llevará a cabo esta cotización a través de un tercero, dado que, en la actualidad, este tipo de aportes solo puede realizarse mediante un empleador. Además, la norma no contempla la necesidad de una reglamentación que aclare los mecanismos o procedimientos para implementar esta disposición.

DISTRIBUCIÓN DE LA COTIZACIÓN

El artículo 23 establece cómo se distribuirá la cotización del 16% del ingreso base de cotización en el Pilar Contributivo. Como ya sabemos, la distribución se hace entre el componente de Prima Media y el componente de Ahorro Individual dependiendo de del monto de la cotización.

Componente de Prima Media (cotizaciones hasta 2.3 salario mínimo legal vigente (SMLMV))

- 13 puntos porcentuales van al fondo común de vejez administrado por COLPENSIONES y al Fondo de Ahorro del Pilar Contributivo.
- 3 puntos porcentuales financian gastos de administración y seguros previsionales. Colpensiones solo podrá utilizar 1 punto para financiar gastos de administración.

Componente de Ahorro Individual (cotizaciones que superen los 2.3 y hasta 25 salario mínimo legal vigente (SMLMV))

- 13.2 puntos porcentuales van a la cuenta de Ahorro Individual del afiliado cuando la cotización supere los 2.3 salario mínimo legal vigente (SMLMV) y hasta 25 salario mínimo legal vigente (SMLMV).
- 1 punto porcentual financia el Fondo de Ahorro del Pilar Contributivo.
- Hasta 0.8 puntos porcentuales financian gastos de administración.
- Hasta 1 punto porcentual se traslada a COLPENSIONES para seguros previsionales para los riesgos de vejez y muerte.

Para el componente de ahorro individual, se establece que el Gobierno Nacional debe reglamentar un esquema que permita reducir los gastos administrativos de este componente a cero. Esto con el objetivo de aumentar el porcentaje de la cotización destinada a la cuenta de ahorro individual del afiliado, que actualmente es del 13.2 %, hasta alcanzar un 14 %.

Adicionalmente, en los parágrafos del artículo 23 se estableces que no se pueden utilizar recursos de las reservas de pensión de vejez ni del Fondo de Ahorro para gastos administrativos u otros fines distintos al financiamiento de pensiones.

Por otro lado, se establece que, si el porcentaje asignado para gastos administrativos en el pilar de prima media no se utiliza en su totalidad durante la vigencia correspondiente, los fondos sobrantes deberán ser abonados al fondo común de vejez. De igual manera, en caso de una reducción en los costos de las primas de los seguros de invalidez y sobrevivencia en el componente de prima media, el beneficio o ganancia resultante se abonará al fondo común de vejez. En el caso del componente de ahorro individual, dicho beneficio se abonará a la cuenta de ahorro individual.

Finalmente, se establece que las Sociedades Administradoras de Fondos de Pensiones cobrarán una comisión del 0,7 % sobre la totalidad de los aportes que superen los 2.3 salarios mínimos legales mensuales vigentes (salario mínimo legal vigente (SMLMV)) acumulados en la cuenta de ahorro individual de los afiliados al momento de la entrada en vigencia de la presente norma. Esta comisión se mantendrá hasta que dichas sociedades finalicen la administración de esos recursos, lo cual ocurrirá cuando se cause y reconozca la pensión integral de vejez.

Cotización por semanas

La reforma pensional en su artículo 27 reconoce la necesidad de adaptarse a las diversas realidades laborales en Colombia, incluyendo aquellos trabajadores que, por la naturaleza de sus actividades, no laboran de manera continua durante todo el mes. Sin embargo, la cotización por Semanas no es una figura novedosa, pues ya se encontraba establecida en el Decreto 2616 de 2013.

En este sentido, se establece un mecanismo de cotización por períodos inferiores a un mes, es decir, por días o por semanas. Esta modalidad está dirigida tanto a contratistas o trabajadores dependientes que se encuentran vinculados por periodos cortos, como a trabajadores independientes que perciben un ingreso mensual inferior a un salario mínimo legal mensual vigente (salario mínimo legal vigente (SMLMV)).

Así las cosas, las cotizaciones en este contexto se podrán realizar de la siguiente manera:

Tabla 4.

Días Laborados en el Mes	Cotizaciones Mensuales
Entre 1 y 7 días	Una (1) cotización mínima semanal
Entre 8 y 14 días	Dos (2) cotizaciones mínimas semanales
Entre 15 y 21 días	Tres (3) cotizaciones mínimas semanales
Más de 21 días	Cuatro (4) cotizaciones mínimas semanales (equivalentes a un salario mínimo mensual)

Fuente: Ley 2381 de 2024. Elaboración Propia: Juliana Morad y Fabio Alejandro Gómez

El Gobierno Nacional tiene la responsabilidad de desarrollar una herramienta tecnológica interoperable que facilite la afiliación y el pago de aportes al sistema de seguridad social integral, especialmente en las zonas rurales, con un enfoque diferencial que incentive la formalidad y simplifique los trámites para acceder a la protección social.

Sumado a lo anterior, se busca garantizar que aquellos que realicen aportes al sistema mediante esta modalidad tendrán acceso a mecanismos de ahorro periódico o esporádico, ofrecidos por el Gobierno Nacional, con el objetivo de mejorar sus cotizaciones y, por ende, sus garantías de protección social en la vejez. El Gobierno también deberá establecer esquemas de seguimiento, prevención, monitoreo, control y sanción para evitar que esta modalidad se use de manera abusiva, en detrimento de los derechos de los trabajadores.

La base de cotización mínima semanal se calculará sobre una cuarta parte del salario mínimo mensual legal vigente, aplicable al Sistema de Protección Social Integral para la Vejez y al Sistema de Subsidio Familiar. Para el Sistema de Riesgos Laborales, la base de cotización será el salario mínimo legal mensual vigente.

Finalmente, se precisa que cuando un trabajador tenga múltiples empleadores, cada uno deberá realizar las cotizaciones correspondientes de manera independiente.

PREGUNTAS PRACTICAS

¿Qué sucede si una trabajadora doméstica tiene varios empleadores y trabaja por días o semanas durante un mes?

Cada empleador debe realizar las cotizaciones correspondientes de forma independiente, según el número de días trabajados para él en ese mes. Aunque en la práctica a veces los empleadores acuerdan que uno de ellos realice la cotización por todo el tiempo laborado, la norma es clara en que cada empleador debe cotizar por separado. De no hacerlo, los demás empleadores incurrirían en la falta de pagar las cotizaciones correspondientes al trabajo realizado.

PENSIÓN INTEGRAL DE VEJEZ Y BENEFICIOS ESPECIALES

Pensión integral de vejez y su liquidación

La Pensión Integral de Vejez en el Pilar Contributivo se compone de dos componentes principales: el Componente de Prima Media y el Componente Complementario de Ahorro Individual. Cada uno de estos componentes juega un papel crucial en la determinación y liquidación de la pensión que se otorga al momento del retiro.

COMPONENTE DE PRIMA MEDIA

Para acceder a la pensión integral de vejez a través del Componente de Prima Media, el afiliado debe cumplir ciertos requisitos fundamentales. En primer lugar, la edad mínima para las mujeres es de cincuenta y siete años y para los hombres es de sesenta y dos años. Además, es necesario haber acumulado al menos 1.300 semanas de cotización. A partir del 10 de enero de 2025, esta cantidad de semanas de cotización se reducirá gradualmente hasta alcanzar las 1.000 semanas en el año 2036, reduciendo el requisito en 25 semanas cada año.

Tabla 5.

Disminución semanas mujeres	
AÑO	SEMANAS
2025	1.275
2026	1.250
2027	1.225
2028	1.200
2029	1.175
2030	1.150
2031	1.125
2032	1.100

2033	1.075
2034	1.050
2035	1.025
2036	1.000

Fuente: Ley 2381 de 2024. Elaboración Propia: Juliana Morad y Fabio Alejandro Gómez

LIQUIDACIÓN DE LA PENSIÓN EN EL COMPONENTE DE PRIMA MEDIA

Conforme al artículo 32 de la Ley 2381 de 2024, la liquidación de la pensión se basa en una fórmula que determina la tasa de reemplazo del ingreso base. Esta fórmula es:

r = 65.50–0.50 s,

Donde r es el porcentaje del ingreso de liquidación y s es el número de salarios mínimos legales mensuales vigentes correspondientes al ingreso base de liquidación del Pilar Contributivo del Componente de Prima Media.

El Ingreso Base de Liquidación se calcula como el promedio de los ingresos base de cotización durante los últimos diez años de trabajo, ajustado anualmente por el Índice de Precios al Consumidor (IPC). Si el promedio de ingresos base de liquidación durante toda la vida laboral del trabajador es superior al calculado, se usará este valor más alto para la liquidación.

El monto de la prestación se incrementa en un 1.5 % por cada 50 semanas adicionales a las mínimas requeridas, con un máximo del 80 % del ingreso base de liquidación. Además, se pagarán trece mesadas anuales. La prestación no puede ser inferior a un salario mínimo legal mensual vigente (salario mínimo legal vigente (SMLMV)) ni superior al 80 % del ingreso base de liquidación.

Lo anterior implica, que se sigue utilizando la misma fórmula, el mismo ingreso de liquidación y los aumentos porcentuales establecidos en la Ley 100 de 1993, sin embargo, ahora al estar integrada en componentes, esta fórmula solo se aplica en el componente de prima media, es decir hasta las cotizaciones de 2.3 smlv.

COMPONENTE COMPLEMENTARIO DE AHORRO INDIVIDUAL

El Componente Complementario de Ahorro Individual está diseñado para aquellos que hayan cotizado en cualquier momento de su vida laboral desde más de 2.3 salario mínimo legal vigente (SMLMV) hasta 25 salario mínimo legal vigente (SMLMV). Este componente está basado en los ahorros de las cotizaciones y sus rendimientos financieros, y está destinado a complementar el valor de la prestación obtenida del Componente de Prima Media, formando así la Pensión Integral de Vejez.

LIQUIDACIÓN COMPONENTE AHORRO INDIVIDUAL

La Administradora de Fondos de Pensiones del Pilar Contributivo en el Componente Complementario de Ahorro Individual tiene la responsabilidad de certificar y remitir a la Administradora del Componente de Prima Media, COLPENSIONES, el monto existente en la cuenta de ahorro individual del afiliado.

Esto abarca los aportes, rendimientos y el bono pensional, y permite calcular el valor de la prestación del Componente Complementario de Ahorro Individual mediante una fórmula actuarial, asegurando una renta mensual hasta el fallecimiento del afiliado y, en caso de la pensión de sobrevivientes, también de los beneficiarios, con trece mesadas anuales. Como se mencionó anteriormente, ya no es posible acceder a otras modalidades, como el retiro programado contemplado en la Ley 100 de 1993. Se reitera que la única opción disponible es una renta vitalicia que complementa lo liquidado en el Componente de Prima Media.

MECANISMO DE FINANCIACIÓN Y PAGO PARA LA ETAPA DE DESACUMULACIÓN

El Componente Complementario de Ahorro Individual puede constituirse en una renta vitalicia mediante un mecanismo de mutualidad de riesgos u otras alternativas, incluso administrado por COLPENSIONES. El Gobierno Nacional debe reglamentar las condiciones de funcionamiento y administración de este mecanismo.

Además, se aplicarán estos mecanismos de cobertura de riesgos también para los pensionados en modalidad de retiro programado bajo el Régimen de Ahorro Individual con Solidaridad definido por la Ley 100 de 1993.

INTEGRACIÓN Y PAGO DE LA PENSIÓN DE VEJEZ

Una vez determinadas las cuantías en los dos componentes del Pilar Contributivo, se integrará una única pensión. Esta pensión será reconocida y pagada COLPENSIONES, o el mecanismo definido por el Gobierno Nacional. Por lo tanto, la pensión se conformará con los recursos del fondo común para la prestación del Componente de Prima Media y se complementará con el giro de los recursos de la Administradora del Componente de Ahorro Individual, que generará una anualidad vitalicia.

Como se puede observar, el régimen de prima media y el ahorro individual ya no se presentan como opciones excluyentes, tal como lo establecía la Ley 100 de 1993. En cambio, ambos sistemas ahora se complementan, trabajando en conjunto para conformar una pensión integral de vejez.

PREGUNTAS PRÁCTICAS

¿Cuál es la diferencia en la liquidación de la pensión de vejez entre lo establecido con la Ley 100 1993 y la reforma pensional Ley 2381 de 2024?

La Ley 2381 de 2024 integra los componentes de Prima Media y Ahorro Individual para establecer la pensión. Por su parte, la Ley 100 de 1993, la liquidación de la pensión depende del régimen al que esté afiliado el pensionado. Por su parte, en el régimen de Prima Media, la pensión se calcula sobre todas las cotizaciones realizadas, no solo sobre los 2.3 salario mínimo legal vigente (SMLMV).

Por otro lado, en el Régimen de Ahorro Individual, la pensión se basa en los aportes de afiliados y empleadores, los rendimientos financieros, subsidios estatales y el bono pensional. Cada afiliado tiene una cuenta individual que acumula fondos para su pensión, y puede pensionarse a la edad que elija siempre que el capital acumulado garantice una pensión mensual superior al 110 % del salario mínimo legal vigente.

Este régimen ofrece varias modalidades de pensión, como la renta vitalicia inmediata y el retiro programado, mientras que en la reforma pensional del componente de ahorro individual solo se permite la renta vitalicia.

Por otro lado, la pensión de garantía mínima se encuentra en el Régimen de Ahorro Individual de la Ley 100 de 1993 para quienes cumplen con los requisitos de edad del régimen de Prima Media y tienen como mínimo 1.150 semanas, ya no está contemplada en la nueva reforma pensional.

Beneficios pensionales vejez

La nueva legislación establece una serie de beneficios especiales diseñados para abordar situaciones particulares, algunos de ellos ya se encontraban en la normativa anterior. Estos beneficios tienen como objetivo ampliar el acceso a la Pensión Integral de Vejez, reconociendo las circunstancias y necesidades específicas de ciertos grupos de la población, y aquellos que, a pesar de haber realizado un esfuerzo considerable de cotización, no alcanzan a cumplir con los requisitos mínimos para acceder a una pensión de vejez.

BENEFICIO PARA MADRES O PADRES CON HIJO(A) INVÁLIDO O CON DISCAPACIDAD

Se ha reconocido la importancia de brindar una protección especial a aquellos padres o madres trabajadores cuyos hijos padecen una discapacidad significativa. Este beneficio especial se encuentra establecido en el artículo 35 de la Ley 2381 de 2024 y representa una importante herramienta para asegurar que estos padres o madres, que enfrentan desafíos adicionales al cuidar de un hijo con discapacidad, puedan acceder a una pensión de vejez de manera anticipada, lo que representa un alivio en su carga financiera y emocional, y tengan el tiempo para cuidar y compartir con sus hijos. Esta pensión especial ya se encontraba en nuestra legislación, la cual fue introducida mediante la Ley 797 de 2003.

Requisitos

- El artículo 35 de la ley establece que la madre o el padre trabajador cuyo hijo padezca una discapacidad física o cognitiva permanente, calificada en un 50 % o más por la entidad competente, tendrá derecho a acceder a una Pensión Especial.
- La pensiona de Vejez especial puede ser causada a cualquier edad, siempre que haya cumplido con el requisito mínimo de semanas cotizadas en el Componente de Prima Media.

¿Cómo se liquida?

Para liquidar una pensión especial de vejez bajo la nueva la reforma pensional, se sigue el mismo procedimiento de integración que se utiliza para la Pensión Integral de Vejez. Este proceso consiste en combinar los dos componentes del sistema pensional colombiano: el Componente de Prima Media y el Componente de Ahorro Individual.

Trámite

El parágrafo 4 del artículo establece que el Gobierno Nacional a reglamentar el trámite para la solicitud de esta pensión anticipada de vejez, estableciendo un plazo máximo de 60 días para resolver la solicitud, con posibilidad de recurrir a los recursos de reposición y apelación en conformidad con lo dispuesto en la Ley 1437 de 2011 o la que haga sus veces. Es decir, este beneficio de la pensión de vejez debe resolverse en un tiempo menor que para el caso de la solicitud y renacimiento de la pensión de vejez integral, el cual tiene un término de 4 meses para su reconocimiento y 2 meses para la inclusión en nómina.

Cuestiones adicionales

Valoración de la Dependencia

El parágrafo 5 enfatiza que la valoración de la dependencia del hijo con discapacidad debe realizarse con un enfoque integral, considerando lo necesario para mantener un nivel de vida digno, y no limitándose al nivel de ingresos de los padres. Esto subraya que la prestación está destinada a garantizar la dignidad y bienestar del hijo inválido, constituyéndose como un derecho que recibe a través de su progenitor.

Sustitución Pensional y Requisitos Adicionales

El parágrafo 1 del artículo establece que, en caso de fallecimiento del padre o madre pensionado bajo esta disposición, se aplicarán las normas de sustitución pensional correspondientes, extendiendo esta protección a casos donde existan dos o más hijos con discapacidad. Esto garantiza la continuidad de la protección económica para la familia, aun en situaciones de pérdida del progenitor.

Además, para asegurar que el beneficio se mantenga en función de la necesidad real, el parágrafo 2 obliga al beneficiario a reportar a Colpensiones cada tres años el estado de salud del hijo discapacitado. De no presentarse el certificado correspondiente, se suspenderá el pago de la mesada pensional hasta que se cumpla con este requisito, conforme a la reglamentación que emita el Ministerio de Salud en conjunto con Colpensiones.

Reincorporación al Mercado Laboral del Padre o Madre

La norma contempla que, en caso de que el beneficiario de esta pensión se reincorpore al mercado laboral, deberá seguir realizando aportes al sistema de pensiones de manera solidaria. Sin embargo, estos aportes adicionales no podrán ser objeto de solicitud de indemnización sustitutiva ni de reliquidación sobre los aportes posteriores al reconocimiento de la pensión, ya que el derecho a la pensión ya ha sido otorgado.

Integración al Mercado Laboral

El parágrafo 3 reconoce los avances en políticas públicas que buscan la inclusión laboral de personas con discapacidad, disponiendo que, si el hijo o hija con discapacidad se incorpora al mercado laboral, el padre o madre titular de la pensión especial de vejez no perderá el beneficio. Esto permite que las familias continúen recibiendo la pensión, aun cuando el hijo logre cierta independencia económica, mitigando así la preocupación de que una mejora en la condición laboral del hijo pueda resultar en la pérdida de este derecho.

BENEFICIO DE SEMANAS PARA MUJERES CON HIJOS

En el contexto del Componente de Prima Media del Pilar Contributivo, la Ley 2381 de 2024, en su artículo 36, introduce un reconocimiento significativo al trabajo no remunerado de las mujeres, que implica el cuidado de sus hijos.

Requisitos

- A partir de la vigencia de esta ley, las mujeres que cumplan la edad mínima para acceder a la pensión, pero no hayan alcanzado el número de semanas requeridas en el Componente de Prima Media, podrán beneficiarse de una reducción en las semanas necesarias para obtener su pensión. Es decir, deben cumplir con la edad de pensión, que es de 57 años.

- Es necesario realizar primero el ejercicio del sistema actuarial de equivalencias. Este beneficio está diseñado exclusivamente para aquellas mujeres que, tras haber agotado dicho sistema y contando con recursos en el Componente Complementario de Ahorro Individual, aún no logran completar las semanas mínimas establecidas en la ley para acceder a la Pensión Integral de Vejez.

Beneficio

Este beneficio consiste en la disminución de cincuenta semanas por cada hijo o hija, ya sea nacido vivo o adoptado, con un máximo de tres hijos, lo que permite reducir hasta un mínimo de 850 semanas.

Cuestiones adicionales

Es fundamental aclarar que este beneficio no puede ser utilizado para incrementar el número de semanas más allá del mínimo requerido con el fin de aumentar la tasa de reemplazo. Su propósito exclusivo es permitir que las mujeres cumplan con el requisito mínimo de semanas necesarias, asegurando así su acceso a la pensión integral. Esto significa que cualquier aumento en el porcentaje de la pensión en el Componente de Prima Media solo será posible si se acumulan semanas adicionales a las mínimas establecidas para la Pensión Integral de Vejez, y conforme a la tabla de reducción progresiva de semanas aplicable en el caso de las mujeres.

PENSIÓN ANTICIPADA DE VEJEZ

La Pensión Anticipada de Vejez es un beneficio diseñado para aquellos afiliados al sistema pensional que, a pesar de haber alcanzado la edad de 62 años en el caso de las mujeres o 65 años en el caso de los hombres, y haber realizado el ejercicio del sistema actuarial de equivalencias, no han logrado reunir las semanas mínimas requeridas para acceder a la pensión de vejez del Pilar Contributivo. Está pensión especial, se encuentra consagrada en el artículo 37 de la Ley 2381 de 2024 y es una modalidad de pensión de vejez o un beneficio que no se encontraba establecido en la normativa anterior.

Requisitos

- Tener cumplidos 62 años de edad en el caso de las mujeres o 65 años en el caso de los hombres.
- Tener como mínimo 1.000 semanas de cotización.
- Haber agotado el sistema actuarial de equivalencias sin lograr reunir las semanas mínimas necesarias para acceder a la pensión de vejez del Pilar Contributivo.
- Que el afiliado no esté en el régimen de transición establecido por la reforma pensional. Este requisito, consideramos puede generar una tensión o desconocimiento del principio de favorabilidad.

Liquidación

El monto de la prestación anticipada de vejez se calculará utilizando la misma fórmula aplicada para la pensión de vejez establecida en esta ley. Sin embargo, en este caso, la liquidación se hará de manera proporcional al número de semanas cotizadas.

Cuestiones adicionales

Es importante destacar que a la persona beneficiaria de esta prestación se le descontará, de manera mensual, el valor equivalente a las cotizaciones faltantes hasta alcanzar el número mínimo de semanas requeridas para acceder a la pensión integral de vejez. Este descuento se realizará mediante un mecanismo de financiación que será reglamentado por el Gobierno Nacional.

Por otro lado, se indica que esta prestación tiene un carácter temporal, ya que su aplicación estará limitada a aquellos afiliados que cumplan con los requisitos establecidos antes del 10 de enero de 2036.

Además, en caso de fallecimiento del titular de la prestación anticipada de vejez, no habrá lugar a la sustitución pensional. No obstante, para efectos de la pensión de sobrevivientes, se deberán cumplir con los requisitos que establece la ley.

Asimismo, los beneficiarios contemplados en el artículo 35 de la presente ley también podrán acceder a esta prestación anticipada, es decir, para los padres o madres con hijo o hija invalido. En estos casos, si la persona beneficiaria cuenta con al menos 1.000 semanas cotizadas, se le descontará mensualmente el valor correspondiente a las cotizaciones faltantes hasta alcanzar las 1.300 semanas, si a ello hubiere lugar.

PENSIÓN FAMILIAR

La pensión familiar se encuentra ubicada en el artículo 38 de Ley 2381 de 2024, es un beneficio que permite a los cónyuges o compañeros permanentes sumar sus semanas de cotización para cumplir con los requisitos necesarios para acceder a la pensión integral de vejez. Aunque este beneficio ya existía en el régimen anterior, los requisitos han sido modificados en la nueva legislación, haciéndolos más accesibles y permitiendo que más parejas puedan beneficiarse de esta opción para asegurar su retiro conjunto.

Requisitos

- Es necesario acreditar una relación conyugal o convivencia permanente de más de cinco años que será demostrada con declaración notarial o judicial de unión marital.
- La pareja debe sumar, entre ambos, al menos mil trescientas semanas de cotización.
- Se debe agotar primero el mecanismo del sistema de equivalencia para cónyuges o compañeros permanentes, que será reglamentado por parte del Gobierno.
- Que el afiliado no esté en el régimen de transición establecido por la reforma pensional. Este requisito, consideramos puede generar una tensión o desconocimiento del principio de favorabilidad.

Beneficio

Se reconocerá una pensión de vejez con un monto máximo de un salario mínimo legal vigente (SMLMV). La pensión familiar solo se causa al momento de su solicitud ante Colpensiones.

Trámite y reconocimiento

En cuanto a la administración de la pensión familiar, Colpensiones será la encargada de reconocer y pagar este beneficio, por lo tanto, se debe solicitar la pensión a esta entidad. Es importante señalar que, para efectos de cotización al Sistema de Seguridad Social en Salud, la persona titular de la pensión familiar debe estar afiliada y realizar los aportes correspondientes según la normativa vigente, mientras que su cónyuge o compañero permanente será beneficiario del sistema.

Cuestiones adicionales

En caso de fallecimiento de uno de los beneficiarios de la pensión familiar, el porcentaje de la pensión se redistribuirá de manera que el 50 % de la pensión del fallecido acrecentará la del cónyuge que sobreviva. En situaciones donde existan hijos menores de edad, mayores de edad hasta los 25 años que dependan del causante por razón de sus estudios, o hijos inválidos, la parte de la pensión del fallecido se dividirá entre el cónyuge y los hijos, hasta que las condiciones para recibir el beneficio por parte de los hijos se agoten. Si no hay hijos beneficiarios, el cónyuge sobreviviente recibirá el 100 % de la pensión familiar.

La naturaleza y cobertura de la prestación no cambian con el fallecimiento de los beneficiarios, pero si no existen hijos beneficiarios con derecho, la pensión familiar se extinguirá sin lugar a pensión de sobrevivientes.

En caso de divorcio, separación legal o de hecho, la pensión familiar se extingue, y los ex cónyuges o ex compañeros permanentes tendrán derecho a recibir el 50 % del monto de la pensión que percibían.

En caso de fallecimiento de alguno de los beneficiarios, la persona que demuestre haber cubierto los gastos funerarios tendrá derecho a recibir un auxilio equivalente al 50 % de la prestación.

Finalmente, se establece que los cónyuges o compañeros permanentes que se encuentren en el régimen de transición podrán acceder a la pensión familiar prevista en la Ley 100 de 1993 con solo 1.000 semanas cotizadas, a partir de la entrada en vigencia de la reforma pensional. Esta modificación reduce el requisito establecido en el régimen anterior de 1.300 a 1.000 semanas, facilitando así el acceso a este beneficio.

La pensión familiar es incompatible con cualquier otra pensión o prestación económica que uno o ambos cónyuges o compañeros permanentes puedan recibir, excepto con las pensiones otorgadas por el sistema de riesgos laborales, así como, cualquier programa de beneficios sociales. Adicionalmente, solo se puede reconocer una pensión familiar por cada cónyuge o compañero permanente.

PENSIÓN DE INVALIDEZ, SOBREVIVIENTES Y AUXILIO FUNERARIO

Pensión de invalidez

La pensión de invalidez está diseñada para proporcionar un sustento económico a aquellos afiliados al Sistema de Protección Social Integral para la Vejez que, debido a una pérdida significativa de su capacidad laboral por causas no profesionales ni intencionales, se encuentran en una situación de invalidez.

REQUISITOS

Según el Artículo 40 de la Ley 2381, se considera inválida a la persona que, por cualquier causa no profesional y no provocada intencionalmente, haya perdido el 50 % o más de su capacidad laboral. El procedimiento para la calificación de la pérdida de capacidad laboral y la revisión de la pensión de invalidez, así como las entidades responsables de estos procesos, se regirán por las normas vigentes que lo reglamentan, modifiquen o sustituyan. El Gobierno Nacional tiene un plazo de 12 meses para reglamentar este procedimiento, garantizando criterios de celeridad y debido proceso. Esto implica que se emitirá un decreto reglamentario para ajustar la normativa actual en relación con la calificación y gestión de la pensión de invalidez.

Con todo, la actual regulación establece lo siguiente:

De acuerdo con el Decreto 1352 del año 2013, se entenderá como personas interesadas en el dictamen y de obligatoria notificación o comunicación como mínimo las siguientes: 1. La persona objeto de dictamen o sus beneficiarios en caso de muerte. 2. La Entidad Promotora de Salud. 3. La Administradora de Riegos Laborales. 4. La Administradora del Fondo de Pensiones o Administradora de Régimen de Prima Media. 5. El Empleador. 6. La Compañía de Seguro que asuma el riesgo de invalidez, sobrevivencia y muerte.

Así las cosas, si no son notificados del proceso de calificación, el mismo estaría viciado de nulidad por violación al debido proceso de los interesados. En efecto, tal y como ha señalado la Corte Constitucional en sentencia de tutela T-093 del año 2016 lo siguiente:

> el debido proceso rige de manera general las actuaciones surgidas en torno a la forma en que las juntas de calificación de invalidez ejecutan el

> procedimiento señalado para establecer fecha, origen y porcentaje de calificación, entre otros ítems. Todo ello con la fundamentación suficiente que debe basarse principalmente en los elementos probatorios clínicos y valoraciones científicas a que haya lugar en cada caso particular. (M.P. Alejandro Linares Cantillo, 2016).

Ahora bien, de acuerdo con el artículo 142 del Decreto 019 del año 2012 en primera oportunidad califican cualquiera de las siguientes entidades: 1. La Administradoras del Sistema General de Pensiones tanto del RPM como del RAIS. 2. Compañías de Seguros que asuman el riesgo de invalidez y muerte. 3. La Administradora de Riesgos Laborales. 4. La Entidad Promotora de Salud.

Estas deben determinar tanto el grado de pérdida de capacidad laboral, como el origen de la misma que puede ser común o laboral y la fecha de estructuración de la invalidez como de la pérdida de capacidad laboral.

El acto que declara la invalidez que expida cualquiera de las anteriores entidades, deberá contener expresamente los fundamentos de hecho y de derecho que dieron origen a esta decisión, así como la forma y oportunidad en que el interesado puede solicitar la calificación por parte de la Junta Regional y la facultad de recurrir esta calificación ante la Junta Nacional.

Si el interesado no está de acuerdo con la calificación de invalidez, debe expresar su inconformidad dentro de los diez (10) días siguientes. La entidad que realizó la calificación tiene cinco (5) días para remitir el caso a la Junta Regional de Calificación de Invalidez.

La solicitud ante la Junta Regional puede ser presentada por:

- Administradoras del Sistema General de Pensiones.
- Compañías de Seguros que cubran riesgo de invalidez y muerte.
- Administradora de Riesgos Laborales (ARL).
- Entidad Promotora de Salud (EPS).
- Compañías de Seguros en general.
- El trabajador o su empleador.
- El pensionado por invalidez o aspirante a beneficiario.
- Inspectores de Trabajo del Ministerio del Trabajo para trabajadores no afiliados.
- Autoridades judiciales o administrativas que designen a las juntas como peritos.

- Entidades autorizadas por las Secretarías de Educación o la Empresa Colombiana de Petróleos.
- Administradoras del Fondo de Solidaridad Pensional para pensiones por invalidez debido a eventos terroristas.

La solicitud debe presentarse a la Junta Regional correspondiente según la residencia del interesado.

En los siguientes casos, el trabajador, su empleador, o el pensionado por invalidez pueden presentar la solicitud directamente a la Junta, sin esperar la remisión de la entidad que calificó en primera instancia:

a) Si después de treinta (30) días desde el final del proceso de rehabilitación integral no se ha calificado, y el plazo total no supera los quinientos cuarenta (540) días desde el accidente o diagnóstico.

b) Si la entidad de seguridad social no remite el caso a la Junta Regional dentro de cinco (5) días después de manifestada la inconformidad.

El Artículo 30 del Decreto 1352 de 2013 establece los requisitos mínimos para los expedientes, que deben incluir ciertos documentos específicos. Si faltan documentos, la Junta proporcionará una lista de chequeo al solicitante, quien tiene treinta (30) días para completar el expediente. Si no se cumple con el plazo, se considerará que el solicitante ha desistido, a menos que solicite una prórroga.

Según el Artículo 142 del Decreto 019 de 2012, si la incapacidad es inferior en al menos un 10 % a los límites que califican la invalidez, la Junta Regional debe revisar el caso. La Junta debe revisar casos donde la calificación sea igual o superior al 41 %.

Las Juntas de Calificación de Invalidez deben tener audiencias privadas al menos tres (3) veces por semana. Después de recibir el expediente:

El Director Administrativo citará al paciente dentro de dos (2) días hábiles.

La valoración debe realizarse dentro de diez (10) días hábiles.

Si el paciente no asiste, se enviará una nueva citación para realizarse dentro de quince (15) días calendario.

Si persiste la inasistencia, se notificará a la ARL o Administradora del Sistema General de Pensiones para coordinar la asistencia.

Dentro de cinco (5) días hábiles posteriores a la valoración, el médico ponente preparará la ponencia, que se incluirá en la siguiente reunión privada de la Junta.

Las decisiones se tomarán en audiencia privada con el voto de la mayoría de los integrantes. La Junta debe notificar el dictamen a las partes interesadas dentro de dos (2) días calendarios después de la audiencia y fijar el aviso en la sede si no es posible la notificación directa.

Contra el dictamen, se pueden presentar recursos de reposición y/o apelación dentro de los diez (10) días siguientes a la notificación. El recurso de reposición debe resolverse en diez (10) días calendarios, mientras que el recurso de apelación debe ser remitido a la Junta Nacional de Calificación de Invalidez en dos (2) días hábiles para su resolución en cinco (5) días hábiles.

Las controversias sobre dictámenes en firme se resolverán por la justicia laboral ordinaria. Un dictamen se considera en firme si no se presenta inconformidad o recursos dentro de los plazos establecidos.

Volviendo a los requisitos, el(a) afiliado(a) al sistema que sea declarado inválido y cumpla con los requisitos establecidos en el artículo 40 tendrá derecho a la pensión de invalidez si acredita las siguientes condiciones:

Invalidez Causada por Enfermedad o Accidente de Origen Común: El(a) afiliado(a) debe haber cotizado cincuenta (50) semanas dentro de los últimos tres (3) años inmediatamente anteriores a la fecha de estructuración de la enfermedad o del accidente.

Los menores de veinte (20) años solo deberán acreditar que han cotizado veintiséis (26) semanas en el último año inmediatamente anterior al hecho causante de su invalidez o su declaratoria. Sin embargo, debe entenderse que hay una extensión del requisito de haber cotizado al menos 26 semanas en el último año para acceder a la pensión de invalidez a menores de 26 años, que antes solo aplicaba a menores de 20 años, de acuerdo con la Sentencia C-010 de 2015 de la Corte Constitucional. Aunque este requisito no se incluyó explícitamente en la Ley 2381, debería ser considerado e incorporado en la aplicación práctica de la ley para garantizar su cumplimiento y alineación con la normativa y la interpretación judicial vigente. Esta modificación asegura que los requisitos de cotización sean más estrictos y uniformes, lo que podría influir en la elegibilidad y el acceso a las pensiones de invalidez para una mayor franja de la población.

Cuando el(a) afiliado(a) haya cotizado por lo menos el 75 % de las semanas mínimas requeridas para acceder a la pensión de vejez, solo se requerirá que haya cotizado 25 semanas en los últimos tres (3) años.

La pensión de invalidez será reconocida y pagada por la administradora del Componente de Prima Media, COLPENSIONES.

MONTO

El monto mensual de la pensión de invalidez será equivalente a:

a. Para una disminución en la capacidad laboral entre el 50 % y el 66 %: El 45 % del ingreso base de liquidación, más el 1.5 % de dicho ingreso por cada cincuenta (50) semanas de cotización acreditadas con posterioridad a las primeras quinientas (500) semanas de cotización.

b. Para una disminución en la capacidad laboral igual o superior al 66 %: El 54 % del ingreso base de liquidación, más el 2 % de dicho ingreso por cada cincuenta (50) semanas de cotización acreditadas con posterioridad a las primeras ochocientas (800) semanas de cotización.

La pensión por invalidez no podrá ser superior al 75 % del ingreso base de liquidación y en ningún caso podrá ser inferior al salario mínimo legal mensual. La pensión se reconocerá a solicitud de la parte interesada y comenzará a pagarse de forma retroactiva desde la fecha en que se produzca el estado de invalidez.

El ingreso base para liquidar las pensiones de invalidez es el promedio de los salarios o rentas sobre los cuales ha cotizado el(a) afiliado(a) en el pilar contributivo durante los diez (10) años anteriores al reconocimiento de la pensión, o todo el tiempo si el cálculo de los diez (10) años fuera inferior, actualizado anualmente con base en la variación del índice de precios al consumidor, según certificación del DANE.

Es importante señalar que no ha habido cambios en los requisitos y el monto de la pensión de invalidez entre la Ley 100 y la Ley 2381. Esto implica que no sería necesario implementar un régimen de transición para esta pensión. A diferencia de la pensión de vejez, la pensión de invalidez no se integra dentro de un esquema de pilares, lo que permite la posibilidad de una pensión de invalidez que podría alcanzar hasta el 75 % del Ingreso Base de Liquidación, equivalente a 25 salarios mínimos legales vigentes (smlmv).

FINANCIACIÓN

De manera similar al reconocimiento de la pensión de invalidez en el régimen de ahorro individual según la Ley 100, el artículo 44 establece que las pensiones de invalidez se financiarán a través de la aseguradora con la que se haya contratado el seguro de invalidez y sobrevivientes, o mediante el mecanismo que determine el Gobierno Nacional.

REVISIÓN ESTADO DE INVALIDEZ

Según el artículo 45 de la Ley 2381, el estado de invalidez podrá ser revisado bajo las siguientes condiciones:

a) La entidad de previsión o seguridad social correspondiente podrá solicitar la revisión del estado de invalidez cada tres (3) años. Esta revisión tiene el propósito de ratificar o modificar el dictamen que sirvió de base para la liquidación de la pensión, y, si corresponde, ajustar el monto de la pensión de invalidez. El pensionado(a) tendrá un plazo de tres (3) meses, contados a partir de la fecha de la solicitud de revisión, para someterse al examen correspondiente. En caso de no presentarse o impedir la revisión sin causa justificada dentro de dicho plazo, se suspenderá el pago de la pensión. Si, transcurridos doce (12) meses desde la fecha de la solicitud, el pensionado(a) no se presenta o permite el examen, la pensión será extinguida. Para recuperar el derecho posteriormente, el afiliado(a) deberá someterse a un nuevo dictamen, cuyos gastos serán asumidos por el afiliado(a).

b) El pensionado(a) puede solicitar la revisión de su pensión de invalidez en cualquier momento, asumiendo los costos correspondientes.

El desarrollo de una segunda actividad, distinta de aquella con base en la cual se emitió el dictamen para la liquidación de la pensión, no será considerado en la revisión de la pensión de invalidez.

La revisión de la pensión de invalidez será exclusivamente realizada por el administrador del Componente de Prima Media, COLPENSIONES.

CUESTIONES ADICIONALES

La pensión de invalidez será gestionada a través del Componente de Prima Media por la Administradora Colombiana de Pensiones (COLPENSIONES). La solicitud para el reconocimiento de esta pensión deberá ser procesada y resuelta dentro de los dos (2) meses siguientes a su radicación. El Gobierno Nacional coordinará con las entidades competentes del Sistema General de Seguridad Social para garantizar la interoperabilidad y el flujo de información esencial, como la historia laboral y clínica, con el fin de asegurar un trámite eficiente y ágil.

El pago de la pensión de invalidez será efectuado por COLPENSIONES o por el mecanismo que determine el Gobierno Nacional, conforme a la reglamentación vigente. Esta pensión se financiará a través de una renta temporal hasta que el beneficiario cumpla con la edad establecida para la pensión de vejez, momento en el cual el pago se convertirá en una pensión vitalicia a cargo de COLPENSIONES, si se cumplen con los requisitos de semanas para la pensión de vejez y sea más favorable que la de invalidez. Durante el período de invalidez, el seguro previsional cubrirá el monto necesario para la pensión sin utilizar el bono pensional ni los aportes del Componente Complementario de Ahorro Individual.

El Gobierno Nacional establecerá las normas y condiciones para el funcionamiento del seguro y los esquemas de cobertura de los riesgos asociados con el pago de pensiones de invalidez y vejez. Además, se evaluarán incentivos para que el beneficiario opte por la pensión de vejez una vez cumpla con los requisitos, evitando la permanencia en el régimen de invalidez.

PREGUNTAS PRÁCTICAS

¿Qué diferencias significativas existen entre los requisitos y el monto de la pensión de invalidez bajo la Ley 2381 en comparación con la Ley 100?

La Ley 2381 mantiene los mismos requisitos y monto para la pensión de invalidez que la Ley 100. No obstante, el monto de la pensión de invalidez podría verse reducido al alcanzar la edad de pensión de vejez, ya que la pensión de invalidez podría transformarse en pensión de vejez, lo que en algunos casos podría resultar en una disminución significativa.

¿Cómo afecta el hecho de que la pensión de invalidez no esté incluida en el esquema de pilares en comparación con la pensión de vejez, y cómo podría esto suponer un vicio de inconstitucionalidad?

La pensión de invalidez, al no estar incluida en el esquema de pilares, puede presentar un vicio de inconstitucionalidad si se considera que el esquema de pilares proporciona una protección más estructurada y controlada para la pensión de vejez. La ausencia de este esquema para la pensión de invalidez podría generar desigualdades en comparación con la pensión de vejez, la cual está regulada y controlada en cuanto a su monto, creando una posible infracción al principio de igualdad ante la ley.

¿Qué requisitos de semanas de cotización se exigen para la pensión de invalidez bajo la Ley 2381 y cómo se comparan con los requisitos de la Ley 100?

Bajo la Ley 2381, se exigen menos semanas de cotización para acceder a la pensión de invalidez en comparación con la Ley 100. Específicamente, la Ley 2381 establece que las personas con el 75 % de las semanas requeridas para la pensión de vejez deben tener al menos 25 semanas en los tres años anteriores al reconocimiento de la invalidez, mientras que quienes tienen 26 años deben haber cotizado 26 semanas en el último año anterior a la fecha de estructuración de la invalidez. Esto contrasta con la Ley 100, que podría haber tenido requisitos diferentes para las semanas de cotización y su distribución temporal.

Pensión de sobrevivientes

La pensión de sobrevivientes es un beneficio crucial dentro del sistema de seguridad social, diseñado para proteger al núcleo familiar cercano de un pensionado o cotizante en caso de fallecimiento. Este beneficio busca asegurar la estabilidad económica y el bienestar de los familiares dependientes, garantizando que puedan mantener un nivel de vida digno tras la pérdida del principal sostén económico.

REQUISITOS PARA ACCEDER A LA PENSIÓN DE SOBREVIVIENTES DE CARA AL CAUSANTE

La Ley establece dos escenarios principales en los que los miembros del grupo familiar pueden acceder a la pensión de sobrevivientes:

Pensionado por vejez o invalidez: Los familiares del pensionado por vejez o invalidez por riesgo común que fallezca tienen derecho a recibir la pensión de sobrevivientes.

Afiliado al sistema: Los familiares del afiliado al sistema que fallezca, siempre que este haya cotizado al menos cincuenta (50) semanas dentro de los tres (3) últimos años inmediatamente anteriores al fallecimiento, también tienen derecho a esta pensión.

Situación especial: Existe una disposición especial para aquellos afiliados que, antes de su fallecimiento, hayan cotizado el número de semanas mínimo requerido en el Componente de Prima Media para acceder a una pensión de vejez, pero que no hayan tramitado o recibido una indemnización sustitutiva de la pensión de vejez o la devolución de saldos. En estos casos, los beneficiarios del afiliado fallecido tendrán derecho a una pensión de sobrevivientes.

El monto de la pensión de sobrevivientes para los beneficiarios será del 80 % del valor que le hubiera correspondido al afiliado como pensión integral de vejez. Este planteamiento genera interrogantes, especialmente sobre si esta disposición se aplica únicamente cuando el causante ha cumplido con las semanas requeridas o también cuando ha alcanzado la edad mínima para pensionarse. Esta distinción es crucial, ya que podría influir significativamente en el monto que recibirán sus beneficiarios.

Si el afiliado ya había cumplido tanto con la edad como con las semanas requeridas, se entiende que su derecho a la pensión ya estaba causado. En este contexto, lo más equitativo sería que sus beneficiarios recibieran el 100 % del monto de dicha pensión. Reducir el beneficio al 80 % podría generar una inequidad, al no reconocer plenamente los derechos adquiridos por el afiliado antes de su fallecimiento. Además, resultaría incoherente otorgar la pensión completa del 100 % a quienes la reclamaron en vida, pero no a quienes, habiendo causado el derecho, no alcanzaron a hacerlo. Esto implicaría proteger la reclamación del derecho más que el derecho en sí, lo cual sería un contrasentido y podría desvirtuar el propósito de la seguridad social de proteger efectivamente a los beneficiarios.

REQUISITOS PARA ACCEDER A LA PENSIÓN DE SOBREVIVIENTES DE CARA A LOS BENEFICIARIOS

A continuación, se indican los requisitos que deben acreditar los beneficiarios, integrando en algunos casos pronunciamientos de la Corte Suprema de Justicia. Si bien estos pronunciamientos aplican a interpretaciones realizadas sobre la Ley 100, modificada por la Ley 797 de 2003, consideramos que son extensibles a la reforma introducida por la Ley 2381 de 2024, ya que esta contempla disposiciones idénticas a las previstas en dichas normas.

Es importante señalar que los beneficiarios se organizan en órdenes excluyentes: en ausencia de pareja e hijos, los padres tienen derecho a la pensión, y en ausencia de estos, el derecho se extiende a los hermanos. En casos donde existan múltiples parejas, la pensión se otorgará en proporción al tiempo de convivencia con el causante. Si hay pareja o parejas e hijos con derecho, el 50 % de la pensión corresponderá a la pareja o parejas, y el restante se distribuirá por partes iguales entre los hijos con derecho. Cuando el derecho de uno de los beneficiarios cesa, ya que no todas las prestaciones son vitalicias, su porción acrecerá la de los otros beneficiarios que mantengan el derecho, asegurando así el disfrute continuo de la pensión de sobrevivientes.

Finalmente, cabe recordar que con la Ley 2381 de 2024 se excluyen de beneficios a quienes hayan sido declarados indignos para suceder al pensionado o afiliado causante, según lo establecido en el artículo 1025 del Código Civil o las normas que lo modifiquen o sustituyan.

El artículo 1025 del Código Civil establece que son indignos de suceder al difunto como herederos o legatarios:

- Quien ha cometido homicidio contra el difunto o ha intervenido en el crimen por obra o consejo, o lo dejó perecer pudiendo salvarlo.
- Quien cometió un atentado grave contra la vida, el honor o los bienes del difunto, su cónyuge o sus ascendientes o descendientes, con sentencia ejecutoriada que lo pruebe.
- Un consanguíneo dentro del sexto grado que, pudiendo socorrer al difunto en estado de demencia o destitución, no lo hizo.
- Quien obtuvo por fuerza o dolo alguna disposición testamentaria del difunto o le impidió testar.
- Quien ocultó o detuvo dolosamente un testamento del difunto.
- Quien abandonó sin justa causa al difunto estando obligado por ley a suministrarle alimentos.
- Quien haya sido condenado con sentencia ejecutoriada por delitos específicos del Código Penal siendo el difunto la víctima.
- Quien abandonó sin justa causa al difunto en situación de discapacidad, no prestándole las atenciones necesarias.

Se exceptúa al heredero o legatario que, habiendo abandonado al causante, este último haya manifestado su voluntad de perdonarlo y de sucederlo, demostrado mediante los mecanismos probatorios previstos en la ley, antes de la sentencia judicial de declaración de indignidad sucesoral y estando el causante en pleno ejercicio de su capacidad legal.

Este principio de indignidad sucesoral se enfoca en la protección de la dignidad y el respeto hacia el causante, alineándose con valores morales y éticos en la sucesión de bienes y derechos. Sin embargo, cabe destacar que esta referencia al Código Civil puede ser contradictoria con la evolución de la jurisprudencia de la sala laboral en temas de pensiones y seguridad social, la cual ha enfatizado que la seguridad social y los asuntos de familia son ámbitos distintos que protegen derechos diferentes. La seguridad social no debe depender del derecho civil, ya que cada campo jurídico tiene sus propios principios y normas que regulan sus materias específicas.

Pasemos a indicar ahora los requisitos particulares exigidos a cada grupo de beneficiarios:

Cónyuge

El cónyuge del causante tiene derecho a la pensión de sobrevivientes sin necesidad de demostrar dependencia económica, independientemente de su situación económica o personal al momento del fallecimiento del asegurado. Según la jurisprudencia reiterada de la Corte, el cónyuge sobreviviente, ya sea que esté separado de hecho o no, tiene derecho a recibir la pensión siempre que acredite haber convivido con el causante por un período no inferior a cinco años en cualquier momento de la relación, siempre y cuando el fallecido sea un pensionado. Así lo estableció la Corte en la sentencia del 23 de julio de 2024, con ponencia de la Magistrada Olga Yaneth Merchán Calderón (SL2005-2024, Radicación n.º 100189).

Cabe resaltar que, en la providencia CSJ SL1730-2020 (reemplazada por la CSJ SL4318-2021, en cumplimiento de la sentencia de la Corte Constitucional CC SU149-2021), se estableció una nueva doctrina sobre el literal a) del artículo 13 de la Ley 797 de 2003. Según esta doctrina, para ser beneficiario de la pensión de sobrevivientes en calidad de cónyuge o compañero(a) permanente supérstite de un afiliado fallecido, no es necesario acreditar un lapso mínimo de convivencia. En la sentencia referida, se aclaró que la exigencia de cohabitación por un tiempo mínimo de cinco años es aplicable únicamente en el caso de fallecimiento de un pensionado.

Compañera Permanente

La compañera permanente tiene derecho a la pensión de sobrevivientes si se acredita la convivencia marital estable y pública al momento del fallecimiento del causante, sin necesidad de demostrar dependencia económica, dado que este derecho se basa en la naturaleza del vínculo, análogo al matrimonio. Sin embargo, a diferencia del cónyuge, la compañera permanente debe cumplir con el requisito de haber convivido con el causante durante los cinco años inmediatamente anteriores al deceso, cuando se trate de un pensionado. Este requisito es exclusivo para la compañera permanente. La jurisprudencia de la Corte Suprema, en su Sala Laboral, ha reiterado que el cónyuge puede acreditar los cinco años de convivencia en cualquier momento, sin necesidad de que este período coincida con el último quinquenio antes del fallecimiento del pensionado.

Para la compañera permanente, en cambio, la Corte ha establecido que estos cinco años de convivencia deben ser inmediatos y continuos hasta el momento del fallecimiento. Así lo señaló la Corte en la sentencia SL1992-2024, correspondiente a la radicación n.º 97029, bajo la ponencia del magistrado Omar de Jesús Restrepo Ochoa, emitida el veintitrés de julio de dos mil veinticuatro en Bogotá, D. C.

En estas dos situaciones, si la pareja es menor de 30 años y no tiene hijos con el causante, la pensión de sobrevivientes se concede de manera temporal durante un período de 20 años a partir del fallecimiento del asegurado durante los que debe cotizar para su propia pensión de vejez con cargo a la de sobrevivientes. Esta disposición busca proporcionar apoyo mientras la pareja es joven, facilitando así su transición hacia una mayor estabilidad económica.

Si la pareja tiene 30 años o más y tiene hijos con el causante, la pensión de sobrevivientes se concede de forma vitalicia. La duración de la pensión en este caso refleja el reconocimiento de la carga económica y emocional de criar a los hijos y el apoyo continuo necesario para mantener el bienestar familiar a lo largo del tiempo.

Hijos menores de 18 años

Los hijos menores de 18 años tienen derecho a la pensión de sobrevivientes sin necesidad de demostrar dependencia económica, ya que se presume que todos los menores dependen económicamente de sus padres. La duración de esta pensión se extiende hasta que el hijo cumpla los 18 años. Este derecho está basado en la condición de hijo, ya sea biológico o de crianza. En el caso de los hijos de crianza, particularmente, la Corte Suprema de Justicia ha establecido que, para ser beneficiarios de la pensión de sobrevivientes, deben cumplir con ciertos requisitos específicos: primero, debe demostrarse el reemplazo de la familia de origen; segundo, deben existir vínculos de afecto, comprensión y protección; tercero, debe haber un reconocimiento de la relación de padre o madre e hijo; cuarto, la relación debe ser de indiscutible permanencia; y quinto, sí debe existir dependencia económica, en este caso. Estos principios fueron reafirmados por la Corte en la sentencia SL1351-2024, correspondiente a la radicación n.º 98694, bajo la ponencia de la magistrada Clara Inés López Dávila, emitida el diecisiete de abril de dos mil veinticuatro en Bogotá, D. C.

Hijos mayores de 18 y menores de 25 años

Los hijos mayores de 18 años y menores de 25 años pueden acceder a la pensión de sobrevivientes si cumplen con ciertos requisitos específicos, entre ellos, probar su dependencia económica al momento del fallecimiento del asegurado. La pensión se otorga hasta que el hijo cumpla los 25 años. Además, se exige que se encuentren incapacitados para trabajar debido a sus estudios, lo cual deben acreditar mediante su condición de estudiantes y cumpliendo con las condiciones académicas mínimas establecidas por el Gobierno. Estos requisitos fueron reafirmados por la Corte Suprema de Justicia en la sentencia SL1020-2021, radicación n.º 52742, con ponencia del magistrado Fernando Castillo Cadena, emitida el diecisiete de marzo de dos mil veintiuno en Bogotá, D. C.

Hijos inválidos

Los hijos inválidos tienen derecho a la pensión de sobrevivientes si cumplen con los requisitos de invalidez y dependencia económica al momento del fallecimiento del causante. La pensión se otorga mientras subsistan tanto la invalidez como la dependencia económica. La duración de la pensión puede ser vitalicia, cuando la invalidez persista a lo largo de la vida del beneficiario.

Padres

Los padres del causante pueden acceder a la pensión de sobrevivientes si demuestran una dependencia económica parcial respecto al hijo fallecido. Esta pensión se concede de manera vitalicia, ya que se entiende como un apoyo continuo para los padres en situación de dependencia económica. La duración de la pensión no se ve afectada por otros ingresos o pensiones que puedan recibir los padres, siempre y cuando se mantenga la condición de dependencia económica. La Corte Suprema de Justicia ha señalado que la dependencia económica exigida para acceder a la pensión de sobrevivientes no implica que el beneficiario deba encontrarse en estado de mendicidad o indigencia. De hecho, el simple hecho de recibir ingresos esporádicos menores, como aquellos provenientes de labores de servicio doméstico, no desvirtúa dicha dependencia. Estos principios fueron reafirmados en la sentencia SL1857-2024, radicación n.º 99373, con ponencia del magistrado Donald José Dix Ponnefz, emitida el diecisiete de julio de dos mil veinticuatro en Bogotá, D. C., según consta en el Acta 25.

Hermanos inválidos

Los hermanos del causante tienen derecho a la pensión de sobrevivientes si demuestran invalidez y dependencia económica al momento del fallecimiento. La pensión se concede mientras subsista la invalidez.

Si no hay beneficiarios

En caso de fallecimiento del afiliado, si no existen beneficiarios de la pensión, y si el afiliado tiene saldos acumulados en el Componente Complementario de Ahorro Individual del pilar contributivo, dichos saldos formarán parte de la masa sucesoral del causante. Esto significa que los fondos acumulados se integrarán al proceso de sucesión para ser distribuidos entre los herederos legales del fallecido.

Si, después de exhaustiva búsqueda, no se encuentran causahabientes hasta el cuarto orden hereditario, los saldos del Componente Complementario de Ahorro Individual que pertenecen al pilar contributivo serán destinados al Fondo de Solidaridad Pensional. Este fondo tiene como objetivo apoyar el sistema de pensiones mediante la redistribución de recursos para garantizar una cobertura más amplia y solidaria en el sistema pensional.

MONTO DE LA PENSIÓN DE SOBREVIVIENTES

El monto mensual de la pensión de sobrevivientes por la muerte del(a) pensionado(a) será equivalente al 100% de la pensión que el(a) pensionado(a) estaba recibiendo en ambos componentes.

El monto mensual de la pensión total de sobrevivientes por la muerte del(a) afiliado(a) se calculará como el 45% del ingreso base de liquidación, más un 2% adicional por cada cincuenta (50) semanas de cotización que excedan las primeras quinientas (500) semanas. No obstante, el monto total de la pensión no podrá superar el 75% del ingreso base de liquidación. En ningún caso, la pensión contributiva de sobrevivientes será inferior al salario mínimo legal mensual vigente. Esta pensión se reconocerá y pagará en el Componente de Prima Media o mediante el mecanismo que establezca el Gobierno Nacional.

Para los efectos de este artículo, se entiende por ingreso base para liquidar las pensiones el promedio de los salarios o rentas sobre los cuales ha cotizado el(a) afiliado(a) durante los diez (10) años anteriores al reconocimiento de la pensión, o durante todo el tiempo de cotización si este fuere menor, actualizados anualmente de acuerdo con la variación del índice de precios al consumidor, según certificación expedida por el DANE.

De acuerdo con lo señalado, surgen varios análisis importantes:

En primer lugar, se debe considerar que, cuando no se ha reclamado la pensión de vejez pero se ha causado el derecho a ella, la pensión de sobrevivientes que se otorga será equivalente al 100 % de la pensión de vejez, y no al 80 % que se aplicaría si solo se hubieran cumplido las semanas mínimas de cotización requeridas. Este ajuste garantiza que los beneficiarios de la pensión de sobrevivientes reciban una sustitución completa del monto que se habría percibido por vejez.

En segundo lugar, la liquidación de la pensión de sobrevivientes, similar a lo que ocurre con la pensión de invalidez, puede alcanzar hasta el 75 % del ingreso base de liquidación, con un tope de 25 salarios mínimos legales mensuales. Esto implica que la pensión de sobrevivientes también se calcula en función de un porcentaje significativo del ingreso base.

En tercer lugar, si partimos de la base de que la pensión de vejez sigue un cálculo que resulta en un monto inferior al de la pensión de sobrevivientes, surge otra disparidad preocupante. Específicamente, la modalidad de sustitución pensional dentro de la pensión de sobrevivientes será menor que la misma pensión de sobrevivientes que se causa cuando fallece un afiliado y no un pensionado por vejez. Esta disparidad no solo es injustificada, sino que además carece de un asidero constitucional claro, lo que genera preocupaciones sobre su legitimidad.

Esta discrepancia también se manifiesta en los casos en que, al fallecer una persona con las semanas necesarias para la pensión de vejez pero sin haber alcanzado la edad requerida, los beneficiarios reciben una pensión de sobrevivientes equivalente al 80 % de la pensión de vejez. Nuevamente, esta modalidad de la pensión de sobrevivientes resulta excesivamente inferior a la que se causaría si falleciera un afiliado, sin una justificación constitucional que explique el trato desigual.

Recordemos que el monto mensual de la pensión de sobrevivientes por la muerte de un pensionado será equivalente al 100 % de la pensión que el pensionado estaba recibiendo en ambos componentes. Sin embargo, cuando se trata de la muerte de un afiliado, el monto mensual de la pensión total de sobrevivientes se calculará como el 45 % del ingreso base de liquidación, más un 2 % adicional por cada cincuenta semanas de cotización que excedan las primeras quinientas semanas, pudiendo llegar al 75 % del ingreso base de liquidación.

Este análisis revela una disparidad significativa en el esquema de pilares del sistema de pensiones. Mientras que la pensión de vejez puede resultar en montos considerablemente más bajos, la pensión de sobrevivientes puede alcanzar niveles mucho más altos. Incluso dentro de la propia pensión de sobrevivientes, se observa que la pensión causada por la sustitución pensional de vejez o por la muerte de un afiliado que ha cumplido con las semanas requeridas, pero no con la edad de vejez, es inferior a la pensión de sobrevivientes causada por la muerte de un afiliado que aún no era pensionado.

Esta situación plantea la necesidad de considerar si la pensión de sobrevivientes debería estar sujeta a una estructura más uniforme dentro del esquema de pilares del sistema de pensiones, ya que la variabilidad en los montos puede generar inequidades. La diferencia en el tratamiento entre las pensiones de vejez y las de sobrevivientes podría, de hecho, suscitar preocupaciones sobre la posible inconstitucionalidad o injusticia del sistema, al no justificarse de manera clara y coherente las razones detrás de estas disparidades.

FINANCIACIÓN DE LA PENSIÓN DE SOBREVIVIENTES

Las pensiones de sobrevivientes se financiarán exclusivamente con cargo a la aseguradora con la cual se haya contratado el seguro de invalidez y sobrevivientes o el mecanismo que determine el Gobierno Nacional. La aseguradora no podrá hacer uso del bono pensional ni de los aportes o rendimientos acumulados por los afiliados en el componente complementario de ahorro individual.

PREGUNTAS PRÁCTICAS

Si un afiliado está bajo el régimen de transición, ¿qué impacto tiene la ley 2381 de 2024 en los requisitos y montos establecidos por la ley 100 de 1993?

La Ley 2381 de 2024 no altera los requisitos generales ni los montos establecidos por la Ley 100 de 1993 para los afiliados en régimen de transición, por lo que las disposiciones de la Ley 100 siguen plenamente vigentes. Sin embargo, la Ley 2381 introduce un requisito adicional para acceder a la pensión de sobrevivientes: no haber sido declarado indigno, conforme a lo estipulado en el artículo correspondiente del Código Civil en su artículo 1025.

¿Puede la pensión de sobrevivientes ser más alta que la pensión de vejez?

Sí, la pensión de sobrevivientes puede ser más alta, ya que se concede al 100 % del monto que el afiliado disfrutaba al momento de su fallecimiento, mientras que la pensión de vejez puede estar limitada a un porcentaje menor del ingreso base de cotización.

¿Cómo se financia la pensión de sobrevivientes?

La pensión de sobrevivientes se financia exclusivamente a través del seguro de invalidez y sobrevivientes contratado con la aseguradora correspondiente o el mecanismo determinado por el Gobierno Nacional, sin utilizar el bono pensional ni los aportes del componente complementario de ahorro individual.

¿Qué ocurre con la pensión de sobrevivientes si un afiliado fallece sin reclamar su pensión de vejez pero ha cumplido los requisitos?

En ese caso, la pensión de sobrevivientes será equivalente al 100 % de la pensión de vejez que le correspondería, en lugar del porcentaje reducido de 80 %.

¿Aplican las reglas jurisprudenciales establecidas bajo la ley 100 de 1993 a la ley 2381 de 2024?

Sí, las reglas jurisprudenciales bajo la ley 100 de 1993 siguen siendo aplicables a la ley 2381 de 2024, siempre y cuando la nueva ley no introduzca cambios específicos que modifiquen los derechos de los beneficiarios o contradigan las disposiciones previas.

Pensión anticipada de vejez por invalidez

La pensión anticipada de vejez por invalidez está destinada a individuos que presentan una deficiencia física, psíquica o sensorial del 50 % o más. Para acceder a esta pensión, las mujeres deben tener al menos 50 años de edad y los hombres al menos 55 años, además de haber cotizado un mínimo de 1000 semanas al sistema de protección social integral para la vejez, ya sea de manera continua o discontinua.

Esta disposición ya estaba contemplada en el artículo 33 de la Ley 100 de 1993, por lo que no se trata de una figura nueva. La crítica principal a esta prestación en la Ley 2381 de 2024 radica en su denominación. En lugar de "pensión anticipada de vejez por invalidez", sería más apropiado denominarla como una pensión anticipada por deficiencia significativa. Esto se debe a que no se otorga exclusivamente a quienes tienen invalidez total, sino a aquellos que presentan una deficiencia considerable, uno de los criterios utilizados para determinar la invalidez.

La pensión anticipada por deficiencia significativa asegura un recurso económico para quienes, aunque no alcanzan el umbral de invalidez, enfrentan una discapacidad sustancial que limita su capacidad para continuar trabajando, permitiendo una transición digna hacia la jubilación.

En cuanto a la liquidación de la pensión, si el afiliado está en el régimen de transición, se aplican las reglas de la Ley 100, y la pensión se calcula como la pensión de vejez fuera del esquema de pilares. Para quienes no están en el régimen de transición y solicitan la pensión después de la entrada en vigencia de la Ley 2381 de 2024, la liquidación se realiza de acuerdo con el esquema de pilares.

PREGUNTAS PRÁCTICAS

¿Cuáles son los requisitos para acceder a la pensión anticipada de vejez por invalidez bajo la Ley 2381 de 2024?

Los requisitos son tener una deficiencia física, psíquica o sensorial del 50 % o más, cumplir con una edad mínima de 50 años para las mujeres y

55 años para los hombres, y haber cotizado un mínimo de 1000 semanas al sistema de protección social integral para la vejez, ya sea de manera continua o discontinua.

¿La pensión anticipada de vejez por invalidez es una figura nueva bajo la Ley 2381 de 2024?

No, esta figura ya estaba contemplada en el artículo 33 de la Ley 100 de 1993. La principal crítica en la Ley 2381 de 2024 es su denominación, ya que no se otorga exclusivamente a quienes tienen invalidez total, sino a quienes presentan una deficiencia significativa.

¿Por qué sería más apropiado referirse a esta pensión como una pensión anticipada por deficiencia significativa?

Sería más apropiado porque la pensión no se otorga solo a quienes tienen invalidez total, sino a aquellos con una deficiencia considerable que limita su capacidad laboral, que es uno de los criterios para determinar la invalidez.

¿Cómo se calcula la pensión anticipada por deficiencia significativa para los afiliados en régimen de transición?

Para los afiliados en régimen de transición, se aplican las reglas de la Ley 100 de 1993 y la pensión se calcula como la pensión de vejez fuera del esquema de pilares.

¿Cómo se calcula la pensión anticipada por deficiencia significativa para quienes no están en régimen de transición y solicitan la pensión después de la entrada en vigencia de la Ley 2381 de 2024?

Para quienes no están en régimen de transición, la pensión se calcula de acuerdo con el esquema de pilares establecido en la Ley 2381 de 2024.

Auxilio funerario

El artículo 56 establece que la persona que demuestre haber cubierto los gastos de entierro de un afiliado o pensionado tiene derecho a recibir un auxilio funerario. Este auxilio será equivalente al último salario base de cotización o a la última mesada pensional recibida, dependiendo de cuál sea aplicable. Sin embargo, el monto del auxilio no puede ser menor a cinco salarios mínimos legales mensuales vigentes ni superior a diez veces dicho salario.

Es importante destacar que no es necesario ser beneficiario de la pensión de sobrevivientes para acceder a este auxilio, ni tampoco es requisito que el afiliado o pensionado no tenga un seguro de vida que cubra gastos exequiales con otra aseguradora. El pago de esta prestación será responsabilidad de COLPENSIONES.

PREGUNTAS PRÁCTICAS

¿Cuál es el monto del auxilio funerario establecido por el artículo 56?

El auxilio funerario es equivalente al último salario base de cotización o a la última mesada pensional recibida, dependiendo de cuál sea aplicable. Sin embargo, no puede ser menor a cinco salarios mínimos legales mensuales vigentes ni superior a diez veces dicho salario.

¿Es necesario ser beneficiario de la pensión de sobrevivientes para recibir el auxilio funerario?

No, no es necesario ser beneficiario de la pensión de sobrevivientes para acceder al auxilio funerario.

¿El afiliado o pensionado no debe tener un seguro de vida que cubra gastos exequiales con otra aseguradora para recibir el auxilio, es decir si lo llegase a tener no podría recibir este auxilio?

No, no es necesario que el afiliado o pensionado no tenga un seguro de vida que cubra gastos exequiales con otra aseguradora para recibir el auxilio funerario. Esto significa que, independientemente de si el afiliado o pensionado cuenta con un seguro de vida que cubra los gastos exequiales o no, podrá acceder al auxilio funerario previsto por el artículo 56. La prestación de auxilio funerario no se ve afectada por la existencia de seguros adicionales que puedan cubrir estos gastos. Por lo tanto, la persona que haya sufragado los gastos de entierro puede recibir el auxilio funerario de COLPENSIONES sin importar si existe o no una cobertura de seguro adicional para esos gastos.

¿Cómo se realiza el pago del auxilio funerario?

El auxilio funerario será asumido y pagado por COLPENSIONES.

¿Hay algún cambio en el auxilio funerario con respecto a la Ley 100 de 1993?

No, no hay cambios en el auxilio funerario con respecto a la Ley 100 de 1993. La única diferencia sería que ahora no tenemos a las AFP encargadas de este auxilio, del que están encargadas cuando fallece un pensionado o afiliado del Régimen de Ahorro Individual.

OTROS TEMAS DE INTERÉS

Otros Fondos en el Sistema de Protección Social Integral

FONDO DE SOLIDARIDAD PENSIONAL

La Ley 2381 de 2024 introduce varios elementos clave en la administración de fondos diferentes a las Administradoras de Fondos de Pensiones (AFP), que gestionan el componente de ahorro individual del régimen de prima media. Uno de los fondos más importantes mencionados en la ley es el Fondo de Solidaridad Pensional.

El Fondo de Solidaridad Pensional es una cuenta especial de la Nación, adscrita al Ministerio del Trabajo, sin personería jurídica. Su propósito es subsidiar las cotizaciones para pensiones de aquellos grupos poblacionales que, por sus características y condiciones económicas, no tienen acceso al sistema general de seguridad social. También otorga subsidios económicos para la protección de personas en estado de indigencia o pobreza extrema.

Este fondo se organiza en dos subcuentas, que se manejan de manera independiente:

El artículo 25 de la Ley 2381 establece el funcionamiento del Fondo de Solidaridad Pensional, el cual se divide en dos subcuentas principales: la Subcuenta de Solidaridad y la Subcuenta de Subsistencia.

Subcuenta de Solidaridad

Su propósito es ampliar la cobertura del Sistema de Protección Social Integral para la Vejez, subsidiando o cofinanciando las cotizaciones de aquellos grupos de población que, debido a sus características socioeconómicas, no pueden cubrir la totalidad de la cotización en el Pilar Contributivo.

En sus beneficiarios se incluyen trabajadores independientes, rurales, campesinos, desempleados, artistas, deportistas, mujeres en la economía del cuidado, madres FAMI, voluntarios, personas con discapacidad, comunidades Rrom (gitana), indígenas, afrocolombianos, raizales, palenqueros, y otros trabajadores con insuficientes recursos.

Subcuenta de Subsistencia

Su propósito es financiar el Pilar Solidario, otorgando un subsidio económico a las personas en situación de vulnerabilidad, como madres comunitarias, sustitutas y FAMI, siempre que cumplan con los requisitos del Pilar Solidario.

El Instituto Colombiano de Bienestar Familiar (ICBF) es responsable de identificar a los posibles beneficiarios entre ex madres y padres comunitarios y sustitutos, y de complementar el subsidio otorgado por la Subcuenta de Subsistencia.

El Gobierno Nacional tiene la facultad de utilizar diversas fuentes de información para diseñar mecanismos de asignación de beneficios y ampliar la cobertura de servicios sociales con cargo al fondo.

El artículo 26 detalla las fuentes de recursos para ambas subcuentas:

Subcuenta de Solidaridad:

Cotización adicional del 0.5 % del Ingreso Base de Cotización (IBC) para afiliados con IBC igual o superior a 4 salarios mínimos legales mensuales vigentes.

Aportes de entidades territoriales, agremiaciones, federaciones, y entidades del sector solidario.

Donaciones, rendimientos financieros, y multas relacionadas con la Ley 100 de 1993.

Recursos de sanciones por omisión o inexactitud en pagos de contribuciones parafiscales.

Subcuenta de Subsistencia:

Cotización adicional que exceda el 0.5 % del IBC para afiliados con IBC igual o superior a 4 salarios mínimos legales mensuales vigentes.

Aportes del presupuesto nacional, que no deben ser inferiores a lo recaudado anualmente por las otras fuentes de la subcuenta.

Contribuciones de pensionados con mesadas superiores a 10 salarios mínimos, variando entre 1 % y 2 % según el monto de la pensión.

Este esquema busca garantizar que las personas en situaciones vulnerables puedan acceder a un sustento mínimo en la vejez, financiado por un fondo solidario respaldado tanto por aportes individuales como por recursos públicos y sanciones.

FONDO DE AHORRO DEL PILAR CONTRIBUTIVO Y SUBCUENTAS GENERACIONALES

El Artículo 24 de la Ley 2381 establece la creación del Fondo de Ahorro del Pilar Contributivo, que será administrado por el Banco de la República como una cuenta especial. Este fondo está destinado a financiar las pensiones bajo el nuevo esquema de pilares, específicamente aquellas a cargo del Componente de Prima Media del Pilar Contributivo. Sin embargo, no cubrirá las pensiones de afiliados previos a la ley o aquellos bajo el Régimen de Transición.

Los recursos del fondo provendrán de varias fuentes, incluyendo ingresos por cotización, contribuciones solidarias, y traslados de fondos de pensiones. Estos recursos no pueden ser utilizados para fines distintos a los estipulados en la ley. La administración y la inversión de los recursos se llevarán a cabo bajo estrictas normativas, garantizando un manejo seguro y efectivo de los fondos.

La Ley también contempla la posibilidad de que el Gobierno Nacional destine recursos adicionales al fondo para cubrir riesgos contingentes. Además, establece que semestralmente se deberá rendir informe al Congreso sobre la administración e inversión de los recursos del fondo, asegurando transparencia y control.

En cuanto a la fase de desacumulación del fondo, se regirá por principios de proporcionalidad, con subcuentas generacionales que aseguran que los recursos acumulados por cada cohorte se utilicen exclusivamente para el pago de pensiones de esa cohorte. Esto evita la redistribución de recursos entre generaciones y garantiza un manejo equitativo y sostenible del fondo a largo plazo.

El Fondo se administra con el interés de asegurar las mejores mesadas pensionales posibles, manteniendo la estabilidad y previsibilidad, y diversificando las inversiones según una política establecida.

Principios de administración:

Prudencia y diligencia: Las decisiones deben considerar los propósitos de las inversiones, los plazos y la diversificación del portafolio.

No interferencia: La administración del Fondo no debe interferir con las funciones misionales del Banco de la República.

Comité Directivo: Se establece un Comité Directivo compuesto por altos funcionarios del gobierno y expertos seleccionados, que será responsable de aprobar políticas clave, incluyendo la administración de recursos, la gestión de riesgos, y la contratación de gestores de portafolio.

Funciones del Banco de la República:

- Gestionar directamente la inversión y los riesgos del Fondo.
- Contratar terceros para la gestión del portafolio y otros servicios bajo un régimen de contratación privado.
- Manejar aspectos legales y operativos relacionados con la administración del Fondo.

Costos de administración: Se cubrirán con los rendimientos generados por el Fondo y, en caso necesario, con los recursos del propio Fondo.

Este esquema asegura que la administración del Fondo esté alineada con los objetivos de estabilidad y rendimiento para los afiliados, mientras mantiene la autonomía y la eficiencia del Banco de la República en su rol de administrador.

Como se indicó, el Gobierno Nacional ha establecido un esquema de fondos generacionales dentro del Componente Complementario de Ahorro Individual del Sistema de Protección Social Integral para la Vejez, con el objetivo de optimizar la mesada pensional de los afiliados. Las cotizaciones se depositarán de acuerdo con la cohorte de cada afiliado, asegurando que los recursos sean utilizados exclusivamente para el pago de pensiones y rentas vitalicias de los miembros de cada cohorte. El Gobierno Nacional reglamentará las fechas, edades y políticas de inversión correspondientes a cada cohorte, para garantizar un adecuado cubrimiento del pasivo pensional.

Estas cuentas están diseñadas para administrar los recursos de manera eficiente, enfocándose en la conversión de activos en ingresos para el retiro, y asumiendo un nivel de riesgo que disminuye gradualmente a medida que los beneficiarios se acercan a la edad de jubilación.

El régimen de inversiones de los fondos generacionales será reglamentado por el Gobierno Nacional, quien también podrá definir las condiciones bajo las cuales las administradoras pueden utilizar agentes o intermediarios para la realización de operaciones de inversión, siempre que estas delegaciones busquen optimizar las condiciones de los portafolios administrados. Es importante destacar que, aunque se deleguen funciones, las administradoras del Componente Complementario de Ahorro Individual serán responsables de asegurar el cumplimiento de los deberes establecidos por el Gobierno y de garantizar el respaldo patrimonial adecuado de los delegatarios.

El régimen de vigilancia y cumplimiento de estas subcuentas será supervisado por la Superintendencia Financiera, quien se encargará de monitorear la composición de los portafolios y el funcionamiento adecuado de las subcuentas generacionales, conforme a lo dispuesto por el Estatuto Orgánico del Sistema Financiero y la reglamentación emitida por el Gobierno Nacional.

En caso de ser necesario, el Gobierno Nacional podrá reglamentar la creación de nuevos fondos, la modificación de los existentes o la fusión de estos, siempre con el propósito de fortalecer la etapa de acumulación de los recursos. Asimismo, se establece que los recursos de estas subcuentas o fondos no podrán ser utilizados como fuente de financiación para subsidios o transferencias condicionadas.

El Gobierno Nacional también reglamentará medidas de desempeño y riesgo para asegurar una gestión eficiente de los fondos generacionales, incluyendo el posible cobro de comisiones por desempeño, siempre que estas sean acordes con el objetivo de garantizar una mesada pensional estable y previsible. La Superintendencia Financiera será la encargada de determinar si las administradoras cumplen con el desempeño mínimo exigido, y podrá imponer sanciones o incluso terminar el encargo fiduciario en caso de incumplimiento.

Inembargabilidad

Por expresa disposición normativa, establecida en el artículo 81 de la reforma pensional, se establece que gozan de inembargabilidad los siguiente:

- **Fondos de pensiones del Componente Complementario de Ahorro Individual**: Los recursos acumulados en este componente están protegidos de cualquier tipo de embargo.
- **Recursos del Fondo Público Solidario del Componente de Prima Media**: Los fondos asignados a este componente también son inembargables, asegurando la integridad de las prestaciones derivadas del sistema de prima media.
- **Sumas abonadas en las cuentas individuales de ahorro pensional y sus rendimientos**: Tanto las contribuciones como los rendimientos generados en las cuentas de ahorro pensional del Componente Complementario de Ahorro Individual están exentos de embargo.
- **Sumas destinadas a seguros de invalidez y de sobrevivientes**: Los recursos destinados a cubrir seguros de invalidez y de sobrevivientes están protegidos, garantizando que estos fondos permanezcan intactos para su propósito original.
- **Pensiones y demás prestaciones reconocidas por la ley**: Las pensiones y cualquier otra prestación otorgada bajo esta ley son inembargables, sin importar su cuantía, excepto en casos de embargos por pensiones alimenticias o créditos a favor de cooperativas. En situaciones donde el beneficiario haya accedido a la prestación anticipada de vejez (artículo 37 de la ley), solo será embargable el excedente después de descontar el aporte obligatorio de cotización.
- **Bonos pensionales y recursos para el pago de bonos y cuotas partes de bono**: Estos recursos también están protegidos contra embargos, asegurando que se mantengan disponibles para su función de respaldar las pensiones.

Finalmente, se establece que los ahorros en el Pilar Voluntario y sus rendimientos financieros no gozan de la misma protección de inembargabilidad que los demás conceptos mencionados. No obstante, estos ahorros sí estarán amparados por los beneficios de inembargabilidad aplicables a las cuentas de ahorro, según lo dispuesto por la ley.

Tratamientos tributarios

Bajo la Ley 2381 de 2014, se establece una serie de reglas frente a los aspectos tributarios, que se presentan a continuación.

EXENTOS DE EXENTOS DE TODA CLASE DE IMPUESTOS, TASAS Y CONTRIBUCIONES A NIVEL NACIONAL

- La Administradora Colombiana de Pensiones–COLPENSIONES.
- Las cajas y fondos de previsión o seguridad social del sector público, mientras subsistan.
- Las sumas abonadas en las cuentas de ahorro individual del Componente Complementario de Ahorro Individual y sus respectivos rendimientos.
- Las sumas destinadas al pago de los seguros de invalidez y de sobrevivientes.
- Todas las pensiones, incluyendo las que perciban los residentes colombianos provenientes del exterior, estarán exentas del impuesto sobre la renta. Estarán gravadas sólo en la parte que exceda de 1000 (mil UVT).

Frente a este último punto se han generado numerosas discusiones, pues no se aclara si las 1.000 UVT son mensuales, como se establece actualmente en el artículo 206 del Estatuto Tributario. Esto podría interpretarse como una exención aplicable únicamente a las primeras 1.000 UVT anuales de la pensión, equivalentes en 2024 a $47.065.000 al año, o $3.922.000 al mes. Por lo tanto, según lo establecido en la norma el monto que exceda esta cantidad estaría sujeto al impuesto sobre la renta según el texto de la reforma. Así mismo, se ha considerado que no podría por medio del procedimiento de la reforma pensional crearse un nuevo impuesto como según lo visto implicaría.

EXENTOS DEL IMPUESTO A LAS VENTAS

- Los servicios prestados por las administradoras dentro del Pilar Contributivo.
- Los servicios de seguros y reaseguros que prestan las compañías de seguros, para invalidez y sobrevivientes.

EXENTOS DEL IMPUESTO DE TIMBRE

- Los actos o documentos relacionados con la administración del Sistema de Protección Social Integral.

INGRESO NO CONSTITUTIVO DE RENTA NI DE GANANCIA OCASIONAL

- Los aportes obligatorios que se efectúen al Sistema de Protección Social Integral para la Vejez.
- Las cotizaciones voluntarias del Pilar de Ahorro Voluntario son un ingreso no constitutivo de renta ni de ganancia ocasional para el aportante en un porcentaje que no exceda el veinticinco por ciento (25 %) del ingreso laboral o tributario anual, limitado a 2.500 UVT se seguirán las reglas del artículo 55 del Estatuto Tributario al momento de su retiro, es decir, se le aplica una retención en la fuente a la tarifa del 35 %.

EXENTOS DEL IMPUESTO AL PATRIMONIO

- Los ahorros pensionales nacionales o internacionales de los residentes colombianos al Pilar Contributivo
- Los ahorros pensionales nacionales o internacionales de los residentes colombianos Pilar de Ahorro Voluntario

Término de acciones judiciales

El artículo 86 establece un plazo máximo de cinco años para ejercer acciones administrativas y contencioso administrativas relacionadas con el reconocimiento de pensiones otorgadas por las entidades competentes. Este plazo se cuenta a partir del momento en que la pensión es reconocida. Sin embargo, se exceptúan de esta limitación los casos en los que se demuestre fraude o la ocurrencia de un delito, en los cuales se podría actuar incluso después de este plazo.

En cuanto a las pensiones sobre las cuales se hayan iniciado acciones administrativas o contencioso administrativas después de los cinco años desde su reconocimiento, y que aún estén en curso, se les aplicará la caducidad con la entrada en vigencia de la presente ley. Es decir, estas acciones quedarán sin efecto.

Adicionalmente, los procesos ya decididos a través de acciones administrativas o contencioso administrativas podrán ser objeto de un recurso extraordinario de revisión, siempre que se presenten dentro de los cinco años posteriores a la entrada en vigencia de esta ley.

Como se puede observar, se hace un cambio procesal importante, ya que, dichas acciones antes de la entrada en vigencia de la reforma pensional se pueden presentar en cualquier momento cuando se dirija contra actos que reconozcan prestaciones periódicas, como es el caso de las pensiones, conforme al literal c) del artículo 162 de la Ley 1437 de 2011.

¿Qué pasa con los BEPS?

Los BEPS continúan funcionando como actualmente lo hacen, sin embargo, ahora, es posible que los dos grupos de beneficiarios de la renta vitalicia del pilar solidario puedan sumar los ahorros BEPS más un subsidio mínimo del 30 por ciento. Lo anterior, de acuerdo con el Parágrafo 1, Articulo 18 de la Ley 2381 de 2024.

Indemnización sustitutiva y Devolución de saldos

Las siguientes posibilidades se mantienen, pero exclusivamente para aquellas personas que hayan cotizado hasta un máximo de 299 semanas y que hayan alcanzado la edad de pensión, es decir, 57 años para las mujeres y 62 años para los hombres. En estos casos, se otorgará la indemnización sustitutiva de acuerdo con lo establecido en el artículo 37 de la Ley 100 de 1993. Si la persona tiene ahorros en su cuenta individual, se procederá a la devolución de saldos conforme a las reglas del artículo 66 de la misma ley. Cabe destacar que quienes están amparados por el régimen de transición podrán seguir beneficiándose de la devolución de saldos y la indemnización en los términos previstos en la Ley 100 de 1993.

¿Qué pasa con la Pensional Especial de Vejez de Alto Riesgo?

La reforma no menciona ni deroga la Pensión Especial de Vejez de Alto Riesgo, la cual permite pensionarse a una edad inferior a la establecida para la pensión de vejez. Este beneficio está dirigido a personas que han trabajado en actividades calificadas como de alto riesgo, las cuales pueden reducir su expectativa de vida debido a la exposición constante a estas condiciones laborales. Para acceder a esta pensión, los trabajadores deben estar afiliados a Colpensiones, cumplir con las semanas mínimas requeridas para la pensión de vejez, y haber cotizado o trabajado al menos 700 de esas semanas en actividades catalogadas como de alto riesgo.

La Pensión de Alto Riesgo está vigente hasta el 31 de diciembre de 2024, según el Decreto 2655 de 2014. Al finalizar esta fecha, el Gobierno Nacional podría prorrogarla hasta 10 años más, previo concepto del Consejo Nacional de Riesgos Profesionales.

Trato Diferencial y Protección Social para Comunidades Vulnerables

La reforma pensional establece un trato diferencial y las medidas especiales diseñadas para garantizar la inclusión de los pueblos indígenas, comunidades negras, afrocolombianas, raizales, palenqueras y el campesinado en el sistema de protección social para la vejez.

La ley establece que cualquier referencia a un número de años o semanas requeridas para acceder a beneficios del sistema de protección social deberá ajustarse a la baja para estas comunidades, en reconocimiento de las diferencias en la esperanza de vida entre la población general y estas comunidades. Para determinar la magnitud de este ajuste, el DANE calculará, en el primer año de vigencia de la ley, la diferencia en la esperanza de vida, y con base en ese cálculo, el Ministerio de Trabajo definirá los años y semanas aplicables a cada grupo. Este proceso estará guiado por los principios de progresividad y de aplicación de la condición más favorable.

Además, se establece una protección especial para la vejez campesina, solidaria, étnica y popular. La normativa establece que el Ministerio de Trabajo, en colaboración con las autoridades territoriales, garantizará que las organizaciones comunitarias y campesinas, así como las estructuras organizativas de las comunidades negras, afrocolombianas, raizales y palenqueras, tengan acceso al sistema de protección social para la vejez. Parte de esta estrategia incluirá la promoción de oportunidades para que estas poblaciones puedan ahorrar y, de este modo, acceder a una garantía pensional, beneficiándose de los servicios que ofrece el Sistema de Protección Integral para la Vejez.

Así mismo, se establece que dentro de un plazo de seis meses a partir de la sanción de esta ley, el Gobierno Nacional deberá presentar al Congreso de la República un proyecto de ley que regule la protección especial del trabajo campesino, comunitario, solidario, étnico y popular.

Retos de las empresas y empleadores con la reforma pensional

Con la entrada en vigencia de la nueva reforma laboral, las empresas deberán retener de los honorarios de los contratistas el valor de sus aportes a seguridad social y realizar el respectivo aporte, de lo contrario podrán ser solidariamente responsables por los aportes no pagados por el contratista y ser sancionados por los entes de control.

Adicionalmente, deben descontar de sus trabajadores, el valor adicional al aporte a pensión cuando estos ganan más de 4 SMLMV. La reforma pensional establece que los trabajadores que ganan entre 4 y 7 SMLMV, deben hacer un aporte adicional de 1.5 %, entre 7 y 11 SMLMV un aporte adicional de 1,8 %, entre 11 y 19 SMLMV aporte de 2.5 %, entre 19 y 20 SMLMV un aporte de 2.8 % y finalmente, superior a 20 SMLMV un aporte adicional a 3 % de sus ingresos. Estos porcentajes adicionales, han sido aumentados comparados con los establecidos en la Ley 100 de 1993.

Estos porcentajes adicionales han sido incrementados en comparación con los establecidos en la Ley 100 de 1993, que disponía que los afiliados con ingresos mensuales superiores a cuatro (4) salarios mínimos legales vigentes debían realizar un aporte adicional del 1 % sobre el ingreso base de cotización, destinado al Fondo de Solidaridad Pensional. Para los afiliados con ingresos iguales o superiores a 16 salarios mínimos mensuales legales vigentes, el aporte adicional se establecía de la siguiente manera: de 16 a 17 SMLMV, un 0.2 %; de 17 a 18 SMLMV, un 0.4 %; de 18 a 19 SMLMV, un 0.6 %; de 19 a 20 SMLMV, un 0.8 %; y para ingresos superiores a 20 SMLMV, un 1 %, destinado igualmente al Fondo de Solidaridad Pensional.

Es decir, el empleador debe descontar este aporte adicional, considerando si el trabajador está sujeto a la nueva reforma pensional o si se encuentra cobijado por el régimen de transición, en cuyo caso se aplicaría el aporte adicional establecido en la Ley 100 de 1993.

Facultad del empleador para solicitar la Pensión Integral de Vejez

El artículo 10 del nuevo esquema pensional, indica que se considera justa causa para terminar el contrato de trabajo que un trabajador del sector privado o servidor público cumpla con los requisitos para pensionarse. Así mismo, que el empleador puede finalizar el contrato tras la notificación del reconocimiento de la pensión y su inclusión en la nómina de pensionados. En caso de que el trabajador no solicita la pensión dentro de los 30 días posteriores a cumplir los requisitos, el empleador puede solicitarla en su nombre y debe notificar al trabajador. Esta normativa aplica a todos los afiliados al Sistema de Protección Social Integral para la Vejez, Invalidez y Muerte, salvo que el servidor público elija continuar en la entidad según la Ley 1821 de 2016. Esta norma no es nueva, pues dicha disposición ya se encentraba establecida en el Parágrafo 3, artículo 9 de la Ley 797 de 2003.

Consideramos que esta norma al permitir que los empleadores soliciten la pensión a los 57 años para mujeres, se limita el tiempo que ellas pueden cotizar, lo que puede resultar en pensiones más bajas de manera general para las mujeres, toda vez que la diferencia de edad para la jubilación (57 años para mujeres y 62 para hombres) puede parecer ventajosa, pero en la práctica, las mujeres a menudo no alcanzan la misma mesada pensional que los hombres debido a su mayor discontinuidad laboral. (Observatorio Laboral Pontificia Universidad Javeriana, 2024)

Por lo que, una propuesta para mitigar la desventaja que enfrentan las mujeres consiste en que los empleadores solo puedan solicitar el reconocimiento pensional cuando el trabajador cumpla 62 años, independientemente del género, resaltando que no se debería cambiar la edad de pensión, simplemente que esta facultad de terminación se aplique a la misma edad a mujeres y hombres. Con ello, hombres y mujeres se encontrarán en igualdad de condiciones para alcanzar mesadas pensionales más altas.

Bibliografía

Sentencias

Corte Constitucional. (2015). *Sentencia C-010.* Magistrada ponente: María Victoria Calle Correa.

Corte Constitucional. (2016). *Sentencia de tutela T-093.* Magistrado ponente: Alejandro Linares Cantillo.

Corte Suprema de Justicia. (2024). *Sentencia SL2005-2024* (Radicación n.º 100189). Magistrada ponente: Olga Yaneth Merchán Calderón. Bogotá, D.C., 23 de julio de 2024.

Corte Suprema de Justicia. (2024). *Sentencia SL1992-2024* (Radicación n.º 97029). Magistrado ponente: Omar de Jesús Restrepo Ochoa. Bogotá, D.C., 23 de julio de 2024.

Corte Suprema de Justicia. (2024). *Sentencia SL1351-2024* (Radicación n.º 98694). Magistrada ponente: Clara Inés López Dávila. Bogotá, D.C., 17 de abril de 2024.

Corte Suprema de Justicia. (2021). *Sentencia SL1020-2021* (Radicación n.º 52742). Magistrado ponente: Fernando Castillo Cadena. Bogotá, D.C., 17 de marzo de 2021.

Corte Suprema de Justicia. (2024). *Sentencia SL1857-2024* (Radicación n.º 99373). Magistrado ponente: Donald José Dix Ponnefz. Bogotá, D.C., 17 de julio de 2024.

Legislación

- Código Civil.
- Ley 100 de 1993.
- Acto Legislativo 1 de 2005.
- Ley 797 de 2003.
- Ley 1437 de 2011.
- Ley 1748 de 2014.
- Ley 1821 de 2016.
- Ley 2277 de 2022.

Informes y estudios

Observatorio Laboral Pontificia Universidad Javeriana. (2024). *Proposición: Edad para solicitar pensión y terminar el contrato de trabajo.*

Observatorio Laboral y Observatorio Fiscal de la Pontificia Universidad Javeriana. (2024). *10 años del mercado laboral en Colombia 2013-2023.* Bogotá.

Departamento Administrativo Nacional de Estadística (DANE). *Gran Encuesta Integrada de Hogares.*